人际关系几何学

涂道坤 涂依一 著

北京联合出版公司

图书在版编目（CIP）数据

人际关系几何学 / 涂道坤, 涂依一著. -- 北京：
北京联合出版公司, 2020.9
ISBN 978-7-5596-4337-7

Ⅰ.①人… Ⅱ.①涂…②涂… Ⅲ.①心理交往—通俗读物 Ⅳ.①C912.11-49

中国版本图书馆CIP数据核字(2020)第111881号

人际关系几何学

著　　者：涂道坤　涂依一
出 品 人：赵红仕
责任编辑：孙志文
封面设计：主语设计
装帧设计：季　群　涂依一

北京联合出版公司出版
（北京市西城区德外大街83号楼9层　100088）
北京联合天畅文化传播公司发行
北京中科印刷有限公司印刷　新华书店经销
字数160千字　640毫米×960毫米　1/16　13印张
2020年9月第1版　2020年9月第1次印刷
ISBN 978-7-5596-4337-7
定价：36.00元

版权所有，侵权必究
未经许可，不得以任何方式复制或抄袭本书部分或全部内容
本书若有质量问题，请与本公司图书销售中心联系调换。
电话：（010）64258472—800

目录

001　一场冷战带来的一本书

第1章　直线是几何的基础，真话是关系的根本

010　直线关系：从心到心
016　猜测是一团乱麻，90%是错的
021　拉伸直线的两只手：讲出真话，认真倾听

第2章　六根支柱，撑起生活的圆

032　成长，就是从一个点到一个圆
040　亲情，生活的第一根支柱
055　友情，生活的第二根支柱
061　爱情，生活的第三根支柱
066　事业，生活的第四根支柱
069　爱好，生活的第五根支柱
073　信仰，生活的第六根支柱
076　没有支柱，人生就会塌方

第3章 反击：三角的意义

086　冲突——让关系得到试炼，让自我获得成长
089　三角令人讨厌，却是突破的标准姿态
095　没三角的孩子容易被霸凌
098　"老好人"的圆里，藏着带血的三角
102　有一种浑浊，叫椭圆对三角
105　热三角的反击，全是发飙
110　最好的反击，是冷三角

第4章 回避：当圆遇见三角

120　圆的意义
123　面对隐蔽的三角，圆是最好的还击
125　攻击的三角与滚动的圆
130　远离狼牙棒一样的"烂人"
134　有些情况下，我们需要"编故事"来变圆
137　什么都不做，有时可能是最好的选择

第5章 谈判：正方形与三角的对决

140　正方形精神

- 143 第一步：坐上同一条板凳
- 145 第二步：穿上对方的鞋子走路
- 151 第三步：找到另外的可能
- 156 所有成功的谈判，都需要一个引导者
- 159 引导者的两条禁忌

第6章 接纳：三角切入圆

- 164 有些关系，需要我们接纳攻击，承受伤痛
- 169 在爱中破碎，因爱而重建
- 172 六边形——从小圆到大圆的蜕变
- 177 避不开的"灰天使"

第7章 关系复杂，方法就不能单一

- 184 对抗是阻力，也是契机
- 186 手上不拿锤子，眼中就没有那么多钉子
- 189 既要表达自己，又不能伤害别人
- 191 每一天，我们都在应对冲突的过程中

一场冷战带来的一本书

一切要从我与女儿的那次冲突说起。

那年女儿 18 岁，考上了纽约一所艺术学院，我陪她从北京飞到纽约。

报到那天，我们从酒店步行去学校，一路上谈笑风生。此时我与女儿的关系就像是一大一小两个光滑的圆，和谐而愉悦，即使偶有分歧，也只是稍一碰撞便轻轻弹开了，不会让对方感到疼痛。

可是，这种关系并没维持太久。与新同学见面后，女儿突然对

我说:"老爸,我不用您陪了,您回酒店吧。"

我一愣,随即答道:"好,那我在酒店等你吃晚饭。"

"不用等我了,我从今天起就住宿舍。"

"可宿舍里什么都没有啊?"我指了指光秃秃的床铺。

"我一会儿跟同学去买。"

"好吧,那我明天和你去银行办信用卡。"

"不用了,我自己可以。"

按照我和女儿之前的计划,她会在酒店先住上几天,等我帮她买好所有生活用品,她再正式搬进宿舍。谁知女儿突然改了主意,而且态度坚决,斩钉截铁,只差直接对我说出:"送客。"

这让我感到很受挫。女儿从未独立生活过,我千里迢迢送她,本想尽心给她一些帮助,顺便教她一些相处之道。她却巴不得我赶紧离开,我的一番心意顿时没着没落。

我提醒她:"我回程的机票还有十多天。"

女儿的脸一下子阴沉下来,口气越发冷淡:"您可以一个人待在纽约,但我真的不用您帮忙了。"

此时的女儿,不再是一小时前的那个温和的圆,她变成了一个三角,每一个角都在顶撞我,让我很不舒服。

我心想:"你初来乍到,一下子要处理那么多事情,很容易顾头不顾尾,尤其是美国的信用卡,哪里是你一个人能办好的。"我越想越生气,索性留下一句:"行,你自己的路自己走!"然后摔门而去。

这时的我,也变成了一个三角,我与她的关系瞬间变成了这样：

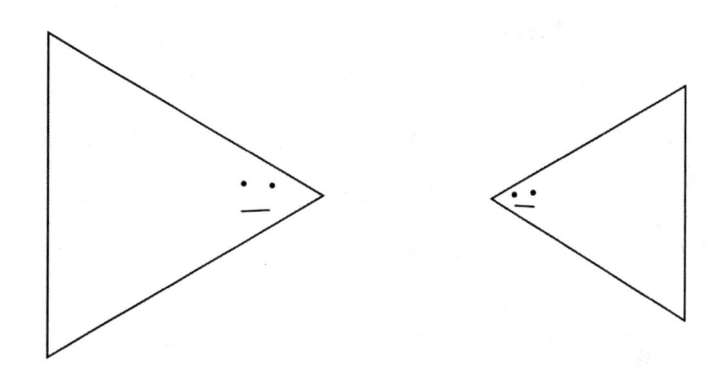

人与人之间的冲突，就像两个对立的三角，尖对尖，带有强烈的攻击性，令人紧张、不安和愤怒。而这种对立几乎每时每刻都会发生——

孩子淘气打翻了牛奶，我们会变成一个三角，大吼大叫；
旁边的车突然并道，差点造成事故，我们会变成一个三角，大爆粗口；
旅行计划因故取消，我们会变成一个三角，怨气冲天；
回到家中，被妻子数落，我们会变成一个三角，怒火中烧；
……

真实的生活就这样，并非总是圆与圆的相遇，一片岁月静好，相反，它处处都有三角带来的冲突，让人际关系剑拔弩张。正因如此，绝大多数人认为冲突是不好的事情，应该避免。但冲突偏偏又是最难避开的，我们需要在解决冲突中获得成长，而成熟的标志之一，就是不畏惧冲突，并能很好地解决冲突。

那么，我与女儿的这场冲突，又该如何解决呢？

自从女儿住进宿舍，我每天踽踽独行在纽约的街头，从第13街到54街，从第二大道到第五大道，望着森林般的摩天大楼，我不断想："女儿一下子来到如此复杂的地方，她能应对吗？她这样固执，不体谅别人，能处理好与室友、同学和老师的关系吗？"

时间一天天在孤独中流逝，陌生的城市渐渐变得熟悉起来。刚到这里时，我分不清东南西北，糊里糊涂，后来不管走到哪里，都可以轻松找到回酒店的路。我突然想到，女儿的人生不就像逛街一样吗，开始是瞎逛，不可避免会晕头转向，会走错路，会摔倒，会害怕，但走的路足够多了，那些错误和波折就变成了经验，她肯定能找到归途。身为父亲，我必须按捺住担心与不舍，放手让她去闯。只有这样，所有经历才会牢牢长在她的身上，成为她成长的沃土，我要有承受她走错路的胸襟与勇气。

想明白这一点后，我整个人都轻松了，感到身上尖锐的三角在一点点收起，变回了从前的圆。一直到回国后，我都保持着这样的状态，不去打搅女儿，也不主动给予建议。

开学不久，当新鲜感逐渐退去，女儿就与周围人发生了冲突：她抱怨一位室友总是通宵和男友视频，大呼小叫，吵得大家不得安生；埋怨教授年纪太大，教学风格过于古板；吐槽纽约太喧闹，又太冷漠，让人感到压抑。女儿一次次主动联系我，通过语音和视频倾诉着苦恼，一说就是几个小时。

就我的感受来说,"倾诉"就像呕吐,那些没完没了的抱怨就像是呕吐物,会让人感到浑身不自在,甚至恶心,避之不及。女儿的一次次深夜吐槽,如同将没消化的食物不停吐在我的身上,我其实并不好受,却依然照单全收,其间没有躲闪,没有指责,也没有建议。

女儿倾吐得汹涌,我则倾听得耐心,在这种无条件的接纳中,事情慢慢有了变化。不知不觉中,女儿不再怨声载道,并且开始为我着想,有时说到半截,她会突然停下来,不好意思地笑笑:"对不起,老爸,北京现在应该已经是半夜了吧。"这是个关键信号,代表她具有了共情意识,尽管这意识还算不上强烈,却绝对是个良好的开始,表明她在成长。

又过了些日子,女儿开始重新看待身边的人和事。她不再抱怨老师,反而对他们的学识赞不绝口;她不再抱怨纽约,而是对这里的博物馆和美食津津乐道,就连和室友的矛盾,她也可以不急不怒,将之视为一种磨炼了。

虽然远隔万里,我却真切地感到了女儿的变化,看到她逐渐收起了自己的尖角,学会与身边的一切相处。一天视频时,女儿动情地告诉我,她过去是一根刺,总是扎伤别人,现在她变成了一根橡皮筋,温和、柔软,交了很多新朋友,她很感谢爸爸妈妈多年的包容和理解。在我的记忆中,这是 18 年来她第一次表达这样的情感,可以说,这句话我和妻子等了整整 18 年。

我和妻子只有一个孩子,在教育孩子这件事上没有多少经验,所以格外心怀敬畏。我们深知生命不能回炉,错了就是一辈子,所以始终小心翼翼，生怕伤了女儿。我们想给孩子充分的尊重，让她按照自己的时间表成熟，不要为了顺应我们而早熟、失去自我。但同时，我们又怕对她太过娇惯，使她无法共情，不懂感恩。直到女儿对我们表达谢意的那天，我们在感动中，也感到了一份踏实，知道多年的心血没有白费。

女儿的成长与我们的应对，不由得引发了我对亲子关系、家庭关系以及其他更多关系的思考，现在，这些思考终于变成了这本书——《人际关系几何学》。

人是群居动物，始终活在关系中。关系丰富，生活才灵动，割断关系，则会成为生命不能承受之重。而要吃透关系，我们可以通过几何图形。在几何的特性与变化中，蕴含着人际关系的密码，就像德国物理学家约翰尼斯·开普勒所说的：“几何学是上帝智慧的反映。”人际关系几何学，便是用几何图形描述关系，呈现关系，思考关系，并解决冲突。

之所以将"人际关系"与"几何图形"挂钩，不是为了创建一门宏大的学说，而是为了方便人们理解。本质上，人际关系是内心的投射，人们彼此攻击，常源于内心的愤怒；人们相处融洽，是因为内心喜悦安宁。但对于情绪潜意识的深流，我们总是难以看清其来龙去脉，人际关系几何学用几何图形将情绪状态呈现出来，不仅生动有趣，人们也能容易理解。

本书中，每种基本的情绪能量状态，都有其对应的几何图形。三角代表愤怒、攻击的能量状态；正方形是稳定、公平的能量状态；圆是滚动、灵活的能量状态；椭圆是犹豫不决的能量状态。因为这些几何图形，我们心中隐蔽的情绪、暗涌的能量以及雾里看花的关系，都得以清晰地凸显出来，我们从而也明白了自己当下的处境和位置，知道下一步该如何转变。

我曾在这样的转变中受益匪浅，现在，我希望它也能帮助你。无论我们身处怎样的困境，是与叛逆期的孩子关系紧张，还是与竞争对手剑拔弩张，抑或遇到恶意纠缠……都可以用人际关系几何学应对，游刃有余处理复杂的冲突，避免在关系中无谓地受伤。

第1章

**直线是几何的基础，
真话是关系的根本**

直线关系：从心到心

在几何学中，任意两个点都可以通过一条直线相连。直线简洁明了，不浪费任何路程，这个特点同样体现在人际关系中。每个人都是一个独立的点，而与他人建立起的真诚关系，就是直线。

人际关系中的直线，指的是心与心的连接，这种连接通透、坦诚，没有欺瞒。小孩子扑向妈妈的怀抱，妈妈将孩子紧紧搂在怀中，还有朋友之间的推心置腹，上司与下属之间的开诚布公，大家讨论问题时的畅所欲言……在这些时刻，我们都实现了心的连接，因此，关系也都呈现为一条直线。直线最有利于情感的流淌与交融，人们能发自肺腑地表达心声，不断增强彼此的了解和信任，关系也必然越发牢固。可以说，直线关系是人与人之间最理想的状态。

然而，怎样才能确保画出一条直线呢？为什么有的人近在眼前，却疏远陌生；有的人远在天边，却心意相通？关键在于双方是否能够敞开心扉，**讲真话**。

如果在一段关系中，真话可以毫无阻碍地流通，人们说出的、听到的都是真话、实话、良心话，那么，这就能成为直线关系，就像下图这样：

讲真话　　　　　　　　　　　　　　　　　　　讲真话

与讲真话相对的，是假话、大话和空话。这些话无法让心与心实现连接，反而会搅乱关系。当人们以此交往时，关系就会发生扭曲变形，连通人们的纽带变得曲曲折折、打结或者干脆断裂。人们常说有些人说"鬼话"，其实就是指这些人不说真话，他们信口开河，或基于某种目的恶意欺瞒，让原本可以清爽真切的关系，立刻扑朔迷离，如坠烟海。

未讲真话　　　　　　　　　　　　　　　　　未讲真话

讲真话究竟有多重要？不讲真话又会带来怎样的影响？在著名心理医生斯科特·派克的《真诚是生命的药》中，有个故事足以说明这一点。

一位妈妈非常苦恼，她 12 岁的女儿和 10 岁的儿子原本成绩优异，可在最近一年中却都一落千丈，双双成了班里的垫底。她想不明白为何如此，便找到斯科特寻求帮助。通过交谈，斯科特了解到，孩子们的爸爸一年前因侵吞公款被判 3 年监禁，为了不影响孩子们，她没敢讲真话，而是告诉孩子说爸爸被政府部门派往越南工作了。斯科特感觉孩子们成绩下降或许与此有关，他鼓励女士向孩子们说出实情，女士很不情愿，但最终还是同意了，不过她提出一个条件，那就是在她坦白时，斯科特必须在场，以便收拾残局。

　　面对孩子们，这位妈妈表情痛苦，语气忐忑，她结结巴巴地告诉孩子："我必须向你们道歉。之前我说你们的爸爸在越南工作，那不是真的，真相是他被监禁了。他从公司挪用了一笔不属于他的钱，犯了法。但你们的爸爸并不是坏人，他之所以这样做，是想让我们住进更大的房子，给你们买更多的玩具，当然，这不代表他是对的，可他已经为此付出了代价。再过一两年，他就能出狱了，我们一家人就又能在一起了。很抱歉，我说了谎，我不该骗你们。"

　　斯科特在一边观察着孩子们的反应，让他意外的是，两个孩子并没有惊慌、沮丧或痛苦，反而在听到爸爸挪用公款后，露出了开心的笑容。而等妈妈讲完，孩子们居然兴高采烈起来。

　　"你们为什么这么高兴？"斯科特问。

　　"因为我们一直以为爸爸是因为谋杀才入狱的。"女儿回答说。

"那你们为什么不直接问妈妈呢？"斯科特又问。

"我们不想惹妈妈难受。"

"你们知道'挪用公款'的意思吗？"

"应该是偷了什么东西，反正不是杀人。"

即使是不懂事的孩子，对谎言也有着超强的感知力，就算那些话来自最亲近的妈妈，他们也能凭直觉分辨出是真还是假。事实上，孩子们从一开始就不相信妈妈编造的故事，同学们的窃窃私语、信报箱中从监狱寄来的信、妈妈定期去某个地方却又从来不带他们，各种蛛丝马迹让两个孩子早就有了预感。

然而，因为妈妈没有讲出真话，孩子们反而向着最严重的方向设想，以为爸爸犯了杀人这样的重罪，一辈子都会被关在监狱里，所以整天心事重重，顾不上学业。当他们知道实情后，发现事情并没有想的那么糟，自然感到了轻松，甚至欣喜。这次谈话后不久，两个孩子的成绩都回到了从前的水准。

尽管这位母亲说假话的初衷，是出于对孩子的保护，但是一个不争的事实是：谎言就是谎言，必定与真相背道而驰。一个谎言包含着再多的无奈与委屈，都必然会给关系带来明显的影响，让彼此的认知发生折射与变形。在上面的故事中，妈妈尽力掩饰，孩子们也假装不知，双方都在演戏，也都演得实在辛苦，而他们的关系也从一条直线，变得弯曲隐晦，有了隔阔。好在随着真话的出现，一切峰回路转。

人们总是高估了自己隐瞒的手段，低估了别人直觉的敏锐，更意识不到谎言对关系产生的影响。侦探学中有一个著名的"洛卡德物质交换定律"："凡物体与物体之间发生接触，必定留下印迹。这些痕迹不会凭空消失，只会从一种形式转换为另一种形式。"不仅那些作奸犯科者一定会留下指纹、足迹、作案工具等痕迹，即使人们未必抱有如此大的恶意，但只要有所隐瞒，就一定会出现漏洞，而真相，则会从这缝隙中一点点透出来。就像林肯所说的："一个人可能会在一段时间欺骗所有人，也可能会在所有的时间欺骗一部分人，但绝不可能在所有的时间欺骗所有的人。"

总体来说，我们所接触到的假话分为两种，一种是有意识的，这种假话有善意和恶意之分，比如上面故事中的妈妈，她很清楚自己说的并非事实，但却出于好心。而那些诈骗犯和感情骗子，则是出于恶意欺骗他人。

另外一种假话，则是无意识的。如果说有意识的假话是"装睡"，那无意识的假话就是处于"昏睡"之中却不自知，还硬把梦游当成了现实。"装睡"的人自己心知肚明，而"昏睡"的人，认知严重扭曲，他们的话歪曲事实，却依然坚信自己手握真理。因为意识不到自己在说假话，"昏睡者"比"装睡者"更理直气壮，也更偏执，更容易做出出格的事。我们都曾遇到过这样的人，他们异常固执，认为自己的想法就是真理，似乎全然看不到事实，如果有谁不符合他们的意愿，便会受到他们猛烈的攻击，倘若我们试着和他们沟通，效果如同"对牛弹琴"，很难达成共识。这些人或许是我们"老顽固"的父母，或许是独断专行的上司，是作天作地的伴侣，或叛逆起来没完没了的孩子。此外，很多患有心理疾病的人也都有着这样的特质，比如抑郁症患者，明明生活在阳光下，却无意识地深信自己站在阴影中；而精神分裂症患者总会产生幻觉，坚信有人要害自己，于是率先伤害别人。种种情形印证了尼采的那句话："坚信比谎言更是真理的敌人。"

在人际关系几何学中，我们所说的讲真话和画直线，不仅针对有意识的假话，更要针对无意识的假话，以避免自己成为"昏睡者"。因而，讲真话便具有了心理疗愈的功能，对此，斯科特·派克就曾说过："心理治疗，其实就是鼓励人说真话的游戏。"当我们开始讲真话，并努力忠于事实之后，不仅能纠正扭曲的认知，让内心不再固执、僵化，具有弹性，也能将扭曲的关系捋直，从中获取滋养和力量。

猜测是一团乱麻，90%是错的

如何才能确保不做"昏睡者"？

首先，我们不用过分担心自己会患上抑郁症或精神分裂症，那毕竟属于少数情况；其次，我们也要重视认知上的各种问题，而其中最常见的一种扭曲，就是将猜测当成事实。猜测本来是正常的认知阶段，但尚需确认、更正和修改，倘若将"我以为""我觉得"和"我相信"，硬说成是真实的东西，并引发一系列情绪和行为，就会张冠李戴，与事实严重不符。

一个客观的人，会通过不断修正认知，让自己努力接近真实。如果一个人对于自己的想法从不质疑，那自然就谈不上修正，这样的人，必然会将内心想法视为既成现实，固执己见，让人际关系一团糟。

记得大学毕业5周年聚会时，我在酒店门口看到了一位同学，离着老远我就热情地和他打招呼，但他却没有任何回应。这让我感到尴尬难堪，只觉得一股怒气涌上心头，我快步走进了酒店，并且整个聚会中都故意不理这位同学。

　　事后回想起这件事，我觉得自己很可能错怪了对方。这位同学或许是距离太远没有听见，或许是心中正想着别的事情，没有留神。为什么事后我能想得明白，之前却如此生气？原因就在于，我内心的各种猜测，让原本简单的直线关系变得复杂而模糊。

　　"打招呼"是我发出的一条寻求建立关系的直线，对方没有接收，也没有回应，这引发了我一系列的猜测："他傲慢无礼""他瞧不起我""或许我过去在什么地方得罪了他""莫非有人挑拨离间"……每猜测一次，我发射出的直线就弯曲一次，缠绕一圈，最后沦为一团乱麻。

一团乱麻

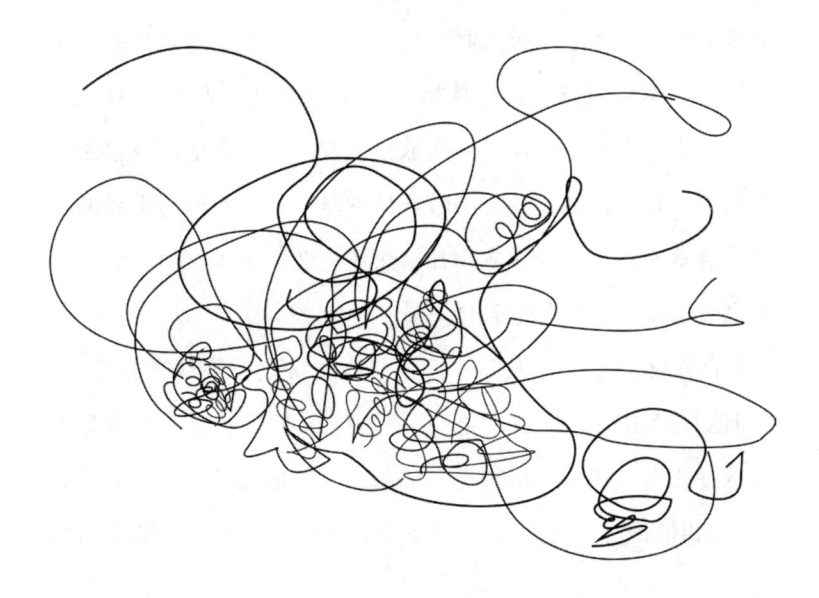

在这团乱麻中，我看不见真实的"他"，而仅仅是自己捏造出的"他"。其实遇到这种情况，我完全可以直接走过去，面对面与他打招呼，如果真确认他态度冷淡，也可以找一个合适的时间和地点，敞开心扉，与他沟通，建立起诚实的直线关系。可惜的是，我被猜测蒙住了眼睛，并没有这样做。

猜测是一团乱麻，会让关系变得复杂。过去我是一个喜欢猜测的人，现在仍在摆脱的路上。正因如此，我比很多人都清楚猜测的危害——我们真的会相信那些猜测，把头脑中营造的假象当成事实，并衍生出相应的情绪，直至采取行动。就像我因为猜测而生同学的气，并因此愤然离开一样。我们需要知道，我们的很多情绪和行动，都是基于猜测，而非客观事实，从而丧失了现实感和真实性。

丧失现实感后，我们与世界会出现严重的割裂，我们心中熊熊的烈火，不过是旁人眼中莫名其妙的烟尘。这就像塞万提斯笔下的堂吉诃德一样，他始终活在幻觉中，把妓女当淑女，把风车当巨人，尽管他足够勇敢也足够激情，但他的故事始终摆脱不了荒诞不经，甚至略带悲情的基调。当我们与世界的关系不再真实，努力会变成挣扎，热情会变成焦躁，而我们与他人也无法建立起真实稳定的关系。

在人际关系中，人们评价一些人时常会用到这样的措辞："和他打交道很不舒服，累心。"这些在交往中经常引发旁人疲惫感的人，往往都是些喜欢猜测的人，也就是俗话说的"心重"。和他们打交道，我们需要小心翼翼，每一句话都字斟句酌，稍微不留神就会被他们曲解了其中意思，而且，无论我们怎么解释他们都不会相信。与这样的人构建起的关系，也必然是杂乱无章的，我们不敢说出真话，对方也没能力接收真话，绝不可能形成通透清爽的直线。

两个独立的个体，是否能建立起直线关系，关键在于什么？我认为，关键就在于双方是否愿意尊重事实。人们总说"三观不合，不必强融"，但我恰恰觉得，观点不同并不是人际关系的阻碍，正相反，正因为存在分歧，我们才有讨论和沟通的必要。只要双方都能正视事实，不把猜测作为依据，同样可以达成直线关系。而如果有人无视事实，执着于虚无的猜测，那才是真正的"话不投机半句多"。

诺贝尔和平奖得主特雷莎修女被誉为"贫民窟里的圣徒"，她曾说过："人们经常是不讲道理的、没有逻辑的和以自我为中心的。"特雷莎修女对于人性的观察可谓透彻，人类有很多弱点，最为明显的一点就是自以为是。

因为人人都会忍不住以自我为中心，所以，要理解别人，确实是件困难的事。我甚至觉得，一个人是不可能完完全全理解另一个人的，哪怕这个人是与我们朝夕相处的父母、妻子、丈夫或孩子，他们很可能只是我们"亲密的陌生人"。但换个角度说，我们也不能要求别人完全懂得自己，这是一种可望不可得的奢侈。但尽管不存在百分百的了解，我们却依然要去了解，因为这是打开彼此内心的唯一钥匙。在我看来，30%的了解，就足以化解冲突，而60%的了解，就能够在人与人之间画出一条直线，触碰心灵。

当我们努力了解一个人的时候，需要切记的一点，就是不要根据自己的好恶去猜测对方的意图，因为这类猜测90%都是错的。我曾经有一位合伙人，他的口头禅是"我一猜就是"——"我一猜你就是在生我的气""我一猜就知道你是这个意思""我一猜这就是个陷阱"。有一次，我们去谈一笔生意，花了一个上午的时间还没谈出个结果，中午我与他一起吃饭，席间他对我说："我一猜就是这个结果，对方根本就不愿意与我们合作。"我听后深感诧异，因为实际情况并非像他说的那样糟，根据上午的情况，对方只是觉得价格有点高，并非不想签约。我想了想，然后告诉他："吃完饭你回公司吧，我一个人再去跟他们聊聊。"果然，在下午的会面中，我稍微降低了一点价格，生意就谈成了。

猜测是内心的投射，不是客观事实。如果内心充满恐惧，就会猜测世界处处存在危险，每个人都很险恶，他人即地狱；如果过度自卑，则会过度敏感，别人无意的一声咳嗽，都能视为是在对自己表达不满。所以，在与别人打交道时，如果我们想拥有直线关系，要先摒弃各种凭空猜测，仔细倾听对方的想法和心声，敢于说出自己的真心话，以此还原事情本来的面貌。

拉伸直线的两只手：讲出真话，认真倾听

之前，我们已经展示过直线关系的示意图，在图中，直线的两端都是"讲真话"，可见真话对于人际关系的关键作用。然而，这段直线关系其实还暗含着另一重含义——双方不仅要能各自说出真话，而且这些真话，还必须能在人们之间实现流通。真话是疏通人际关系的生力军，如果只停在原地，它们便难以发挥出能量。

如何确保真话可以被对方接收？答案就是倾听。将这重隐藏含义用图形表示出来，就是下图这样：

讲真话 ————— 倾听 ————— 讲真话

讲出真话与认真倾听，就像是拉伸直线的两只手，只有它

们共同作用，人际关系才能通畅。假设一个人讲了真话，对方不听、不信，甚至发出嘲笑，那么直线关系也无法建立起来；假设两个人都讲了真话，但他们只顾着自己输出，却不愿听对方说了什么，直线关系同样无从谈起，如同下图所示：

讲真话　　未倾听　　讲真话

缺乏倾听，真话与真话无法互相传达，人与人之间也会像隔了一堵厚厚的墙，渐行渐远，误解丛生。这种只有真话却没有倾听的关系，我们其实经常见到，很多夫妻在吵架时，妻子只顾着哭诉自己的委屈，丈夫只顾着倾诉自己的不易，两个人说的都是真话，但是他们都觉得对方应该理解自己，却不愿去听对方想要表达什么。当倾听缺席，两个人抛出的直线会被中间的墙生硬弹回，内心更加受伤愤懑。

所以，想要在人际关系中画出直线，倾听与讲真话同样重要。

倾听有几个要点——

1. 避免假装倾听

倾听，并非只是沉默地听，而是要去理解对方，和对方站在一起。哈珀·李在《杀死一只知更鸟》中说，你永远不会真正了解任何人，除非你花点时间"钻进他的皮囊到处遛遛"。

钻进对方的皮囊，需要暂时放下自己的猜测、预判和成见，以"空"的状态进入对方的身体中，与之共情，感受对方的呼吸、心跳、喜悦以及伤痛。

几年前，我研究生同寝室的同学患了小细胞肺癌，赶来北京求医。一天，我去宾馆接他到医院，我帮他提着行李，大步流星地走到车门旁，回头一看，却发现他走得非常缓慢，远远地落在了后面。当时我没有多想，只以为他是因为生病而格外小心，于是站在原地，看他一点点挪动脚步，有那么一瞬，甚至觉得这病真是麻烦。朋友似乎有些不好意思，上车后他告诉我："道坤，我也想走快一点，但不行呀，我这病稍微一动，就呼吸困难。"那天回家后，我第一件事就是去查了小细胞肺癌的资料，甚至专门打电话问了认识的医生，这才知道，这是肺癌中最严重的一种，存活期通常只有3到6个月。

我顿时满心愧疚，觉得自己当时的念头很无知，也很冷漠。我以为接他去医院，就算是体谅了他的痛苦，其实我对他的感受根本一无所知，我不仅没有"钻进他的皮囊"，甚至之前都没有动过这样的念头。

后来有一天，我正在上班，突然接到了他的电话，他说他在过马路时呼吸困难，一下子晕倒在马路中央，感觉自己快要死了。朋友是个要强的人，轻易不会向人诉苦，接到他电话的那一刻，我忽然对他的恐惧、痛苦和绝望感同身受。一个身患绝症的人，体力不支倒在陌生街头，该是多么惊恐；一个凡事不喜欢麻烦别人的人，不得不打电话给朋友求助，又该是多么无助。我马上放下手头的工作，开车接他回来，这一次，因为共情，我钻进了他的皮囊，真正理解了他的感觉。

如今斯人已逝，我也从这段往事中领悟到，我们对一个人再熟悉，但如果不能放下自我，钻进对方的皮囊，也就无法体会其内心感受。斯科特说，真正的倾听，是把注意力放在对方身上，此时，倾听者需要暂时把个人想法和欲望放在一旁，努力去体会说话人的内心世界和感受。这样一来，听者与说者便通过语言结合在了一起，建立起了直线关系，进入彼此的内心。

倾听是一种耗费精力的过程，必须以爱为出发点，以极大的耐心，才能够达到倾听的目的。但是，很多人却缺乏耐心，无论是在商业谈判，还是在社交生活中，都不能做到真正倾听，而是假装倾听。

假装倾听，就是做出理解对方的样子，但实际上，却不会真正思考对方的任何诉求。比如有些人看似在倾听，实际上满心不屑，只盼着谈话赶紧结束；有些人似乎听得很认真，甚至还会做出回应，却不是真的理解对方，而是希望从谈话中搜集对自己有利的信息，他们会在沟通时故意转移话题，灵活地把谈话主旨加以调整，以便让自己感到满意。

假装倾听的人不懂得放下自己，所以，也不会真正倾听到对方。

2. 避免抬杠式沟通

在沟通时，如果时刻把自己放在第一位，不仅不能倾听到对方，而且还很容易各执一词，各说各话，陷入抬杠式沟通的尴尬。对于喜欢抬杠的人，四川话称之为"四季豆不进油盐"。

"四季豆"之所以不容易入味，是因为皮糙肉厚；同样，像"四季豆"一样的人，有着坚硬的外壳，他们固执己见，在与对方沟通时不仅会屏蔽对方的话，无法成为倾听者，还会化身为强势的输出者，极力把自己的观点灌输给别人。他们即使在听，也只是在寻找对方话里的漏洞，以便说服对方。这样的沟通充满功利，人与人无法深入心灵，从中获取营养，也就不能建立起直线关系。

很多年前，我就犯过这样的错误。我在成都出差时，与一位心理咨询师聊天，她谈到了她的一位抑郁症患者。那是个15岁的漂亮女孩，由于病情严重早已辍学了。离开学校后，女孩找了一个男朋友，而这个男人蹲过监狱，还有暴力倾向，是很多人口中的"渣男"。女孩和男人签订了一份主仆协议，她是仆人，对方是主人。一天，男人殴打了女孩，女孩非常愤怒，带着他一同来见心理咨询师。心理咨询师听完事情原委，严肃地告诉男人："你们虽然签有主仆协议，但协议里并没允许你打她，你这是严重违背协议。"男人听后承认了错误，表态以后不会再打女孩，然后，两个人就回家了。

听完咨询师的讲述，我既感到震惊，又非常气愤，于是对她说："你怎么能避重就轻，只说什么违反协议？！你明知道女孩是在往火坑里跳，为什么不阻拦她？"

听完我的话，咨询师愣在那里很久没说话，空气似乎都凝固了，半响后她说："涂先生，没想到你是一个执拗的人。"

我不假思索地怼了回去："是的，我很执拗，但也很坚定。"

那一刻，我感觉自己是正义的化身，而今想来，自己那时不过是一根"四季豆"。我不愿意心平气和地交流，不愿意听她说出其中缘由，她说一句，我就顶回去一句，谈话很快变成了抬杠。尴尬中，她说自己有事要离开，我则将她送到大门口。告别时，我们尽量维持着礼貌客气，但却改变不了不欢而散的事实，我与她都知道，我们的关系不再是一条直线，而是一个结，一团麻。在那以后，我们果真断了联系。

多年后的今天，我已经明白自己当时的反应有多幼稚。我惊讶于荒唐的主仆协议，也不能接受未成年的花季少女过着这样的日子，自己却无力阻拦，于是迁怒给了咨询师，认为是她没尽力保护好女孩，没给予对方提示。但是，作为一位成年人，她何尝不知道女孩的路并非正途？何尝不知道男人并非真心爱护女孩？她没阻拦女孩，是因为知道那时那刻去阻拦，根本无用。女孩的父亲是位军人，也曾千方百计阻拦女儿，可是越阻拦女儿越坚决，以至于父亲盛怒之下告诉咨询师："恨不得一枪崩了她。"我而今已经明白，要治愈女孩，首先要接纳她，学会用她的语言和思维倾听她。接纳是治愈的前提，最简单具体的表现，就是倾听，而心理咨询师的主要工作也是倾听。

倾听可以消除抵触情绪，让对方在被完全接纳的气氛下，变得更加坦诚和开放，更愿意把心灵全部敞开，而不是有所保留和隐藏。这样能增进双方的理解和信任，让关系呈现一条直线，达到息息相通的境界，然后才能引导对方做出改变。如果缺乏倾听，对方无法心服口服，是不会从内心深处做出改变的，因此，也就根本谈不上治愈。

同样，我想了解那位咨询师的想法，也必须先倾听她，搞清她为何做出那样的决定。然而，我却选择了抬杠，没有任何倾听的念头，只冲动并强行表达着自己的观点。这样的沟通，对方自然也不能接受。

根据我这些年的经验，当我们真正倾听对方、接纳对方时，总能发生些神奇的事情，我们会与对方建立起直线关系，而对方也会在这样的关系中飞速改变。所以，与其在语言上一争高下，想以此刺激对方、改变对方，不如先坐下来听完对方的故事。后者才是一个成熟的成年人所该做出的选择。

3. 全神贯注

在倾听时，还有一点需要注意，那就是全神贯注。

在女儿很小的时候，有一次，她兴高采烈地跑过来跟我说一件事，当时我手上正忙着其他事情，心不在焉，她说的话我没有听清楚，也就没能做出回应，结果女儿哭着跑开了，说我不爱她，一晚上都不理我。这件事让我认识到，爱她就要全神贯注倾听她。从那以后，我吸取教训，每当女儿有什么重要的事情找我时，我都会放下手头的事情；如果手头的事情很重要，暂时放不下，也会对她说，等爸爸忙完之后，马上就去找她，专心听她说。我这样做之后，她不仅不生气，反而很高兴，觉得我对她的话很重视，不是随便敷衍她。

在倾听时，我们需要在心中进行"合理化认同"。所谓"合理化认同"，就是聚精会神倾听对方正在说什么，明白对方有着什么样的感受，并让对方感到被认同，被理解，被接纳。

女儿上小学时，有一天放学回家后对我说，班里来了一位新同学，是个混血女孩，长得非常漂亮。不同寻常的是，女儿在描述新同学时，并非表现出兴奋或喜悦，而是显得心事重重。

发觉女儿的不安后，我问："是吗？你见到她有什么感受？"

"我感到有些难为情。"

"你说的'难为情'是什么意思呢？"我一边说，一边认真观察她的反应。

她却支支吾吾，一时答不上来。

我思索了一会儿，又问道："你是不是感觉她太漂亮了，与她相比，你有点自卑？"

"是的，就是这种感受。"女儿点点头。

接下来，我开始"合理化认同"，充分肯定、认可她的情绪："每个人遇到比自己漂亮或优秀的人，都有这种感受，这太正常了，爸爸到现在都是如此。"

看着女儿蹙起的眉头逐渐舒展，我继续说道："人都有不如他人的地方，也都有值得自豪的地方。有的人长得漂亮，却成绩不好，有的人语文不好，但体育很好，比如你就是在画画方面很出色。自卑很正常，但不要因为自卑就看不到自己闪光的地方。"

听完我的话后，女儿高高兴兴地回了自己房间。

坦率地说，我并不是一个高情商的人，甚至有些木讷，但在沟通中，由于全神贯注，把全部注意力集中在女儿身上，所以，我总能及时发现她的想法和感受。这样的倾听既让她了解、接纳了自己的感受，也在我与她之间建立起了坦诚的直线关系。

全神贯注地倾听，对任何关系都是有益的。倾听不仅能让我们进入对方的内心，当我们被人倾听时，倾听也能成为我们自我拓展的路径。一个经常被人倾听的人，会对自己更为了解，内心更开放、阳光，更能够表达自己的想法和情绪，同时，也更容易与他人建立起真诚、深入和牢固的直线关系。相反，那些从未被认真倾听过的人，会长久困于自己的孤城，内心的情绪得不到纾解与引导，人会变得自怨自艾，狭隘顽固。他们没有理顺与自己的关系，所以也难以理顺与他人的关系。

怀着一颗包容之心，真正且投入地倾听，才会让真话流通于人与人、心与心之间，达成最畅通无阻的直线关系。我们不仅要有说出真话的胆量,也要有接收真话的能力,在人际关系几何学中,每个人都是一个点,而想从这个点辐射出各种奇妙的轨迹与图形,都离不开这份坦荡与真诚。

第 2 章

六根支柱，
撑起生活的圆

成长，就是从一个点到一个圆

新出生的婴儿是一个"小不点"，就像是几何学中的小圆点。最初这个"小不点"混沌未开，分不清自己与外部世界之间的界限，但随着慢慢成长，感受和经验不断积累，他们有了自我意识，逐渐与周遭的一切建立起关系。他们先与妈妈、爸爸，以及兄弟姐妹，建立起亲情；接着长大，有了朋友和同学，建立起友情；之后尝到心动的滋味，并与人结为夫妻，建立起爱情和婚姻；同时，开始从事某项工作，有了上司、同事和客户，建立起事业；空闲时他们会打球、登山、旅行、养花、养宠物，或者做些其他喜欢的事，建立起爱好；随着他们日臻成熟，还会感受一种"更高的力量"，他们不断从中获得平静与激情，建立起信仰。

以上六种关系，就像是探索世界的六条路径，"小不点"由此获得了成长，从一个模糊的"点"，撑开为一个丰满的"圆"。

如果用动态几何图形加以表现，我们会看到这样的过程：一个圆点伸出六条线，向着周围辐射，这些线虽然不是标准的直线，代表每种关系的建立都有曲折，但大体上还是径直的，如图所示：

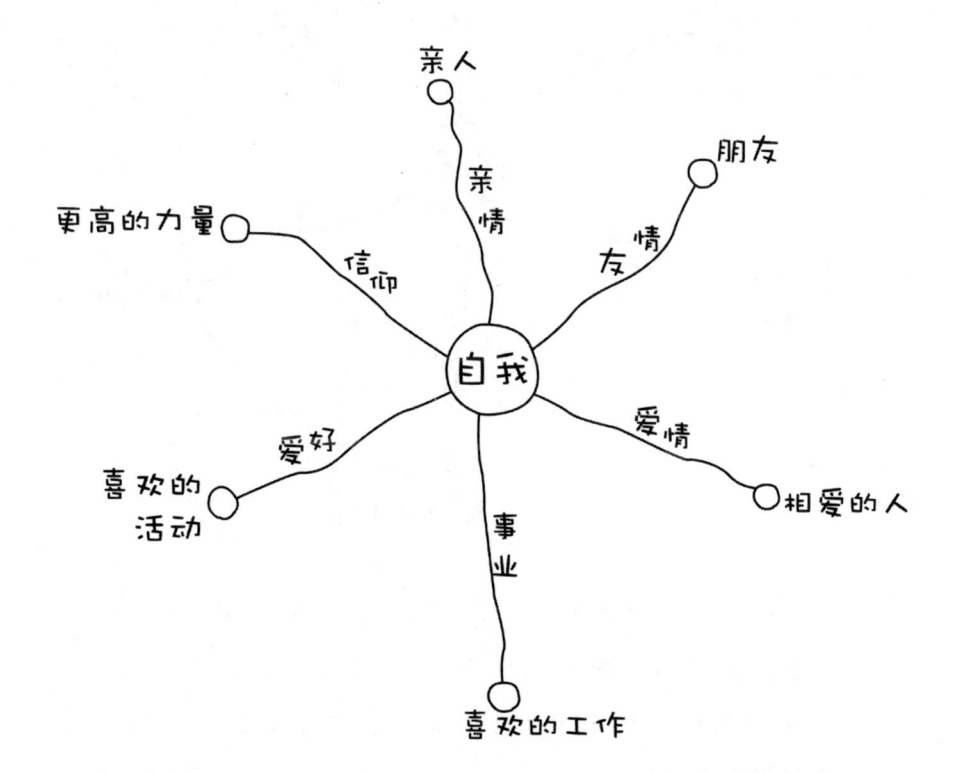

（图：以"自我"为中心，向外辐射出六条线，分别连接：亲情—亲人、友情—朋友、爱情—相爱的人、事业—喜欢的工作、爱好—喜欢的活动、信仰—更高的力量）

而这六条线的另一端互相连接起来，一个圆形就此诞生。从点到圆，离不开六条线，也就是六种关系，它们虽然方向不同，却又彼此紧密相连，如同六根支柱，合力撑起了这个圆。

而这个圆，就是每个人都在寻求的"完美的人生"。

完美的人生

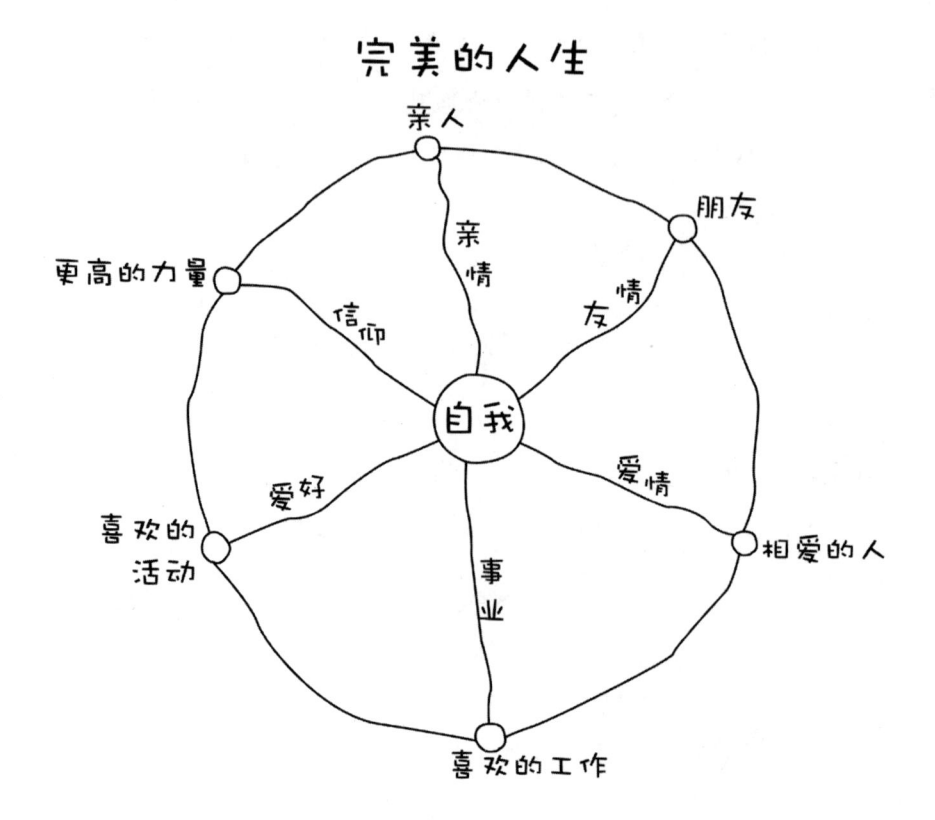

- 亲人 / 亲情
- 朋友 / 友情
- 相爱的人 / 爱情
- 喜欢的工作 / 事业
- 喜欢的活动 / 爱好
- 更高的力量 / 信仰

（中心：自我）

在这张"完美的人生"示意图中，位于最中间的，是一个叫作"自我"的内核，也就是每个人初来世界时"小不点"的样子。"自我"想要向外伸展，"小不点"要想长大成人，就必须依靠各种关系。

关系是"自我"通向世界的路径，建立关系的过程如同蜘蛛织网，蜘蛛从"自我"这个中心位置一次次出发，不停吐出丝线，在它所能达到的范围内，编织出了一张圆形的网。我们也有自己的"蛛丝"，便是我们每天对别人发出的微笑、问候、拥抱，还有我们在各种社交平台上的动态，我们参加的每一场聚会……总之，凡是我们为建立关系所做出的努力，都是我们的"自我"在吐出丝线。在关系网的搭建中，我们的"自我"逐渐打开，不断开疆破土，向外延展；我们的关系网变得越来越强大、坚韧，富有弹性和活力；尤其是其中的六根支柱，它们如筋脉支撑着整张网络，每一根支柱越是强悍有力，我们的生活便越丰富完整。

生命之美，在于伸展。幼苗顶破泥土，鲜花吐蕊，鸟儿张开翅膀，这都是在伸展中成长。与之相反，不能伸展的生命不仅谈不上美，还会带来压抑与窒息。一个人如果无法伸展自我，很容易变得干瘪、猥琐、毫无存在感，如残片随风飘零。

我曾见过被压抑的生命，见过"自我"未能伸展带来的后果。那是一位《少有人走的路》的读者，他知道我是这套书的出版商后，通过朋友辗转找到了我，希望我能倾听他的故事。

第一次见面时，他就告诉我，他有着严重的抑郁症。如果单从外在看，我很难将抑郁症和他联系起来，他身材魁梧，气质却很儒雅，并且算得上事业有成，是不少人心目中的"强者"。他告诉我，他的童年很不快乐，父母都是敏感且易怒的人，从他记事起，父母每天都在生气，而他则每天过得提心吊胆，生怕触了雷区。或许是童年时"自我"蜷曲得太久，即使后来他离开了父母，依然摆脱不了惊慌和焦虑，久而久之就成了病。

他很悲观地对我说："我不知道自己活着有什么意义，我每天都想自杀，我连自杀的方式都想好了，我准备跳楼，就那么往下一跃，一了百了。"在和他交谈的过程中，我明显感觉到他的"自我"不仅在亲情方面不得伸展，还影响到了其他方面，比如他总疑心妻子有心理问题，甚至拿着心理学书籍暗自对照，但他却不愿与对方沟通，而是选择和对方离婚。

在他身上，存在着一种深刻的反差。他健壮有力，语气温和，颇有成就；但他又是脆弱不堪的，人到中年，却依然未能从"小不点"的状态中彻底成熟，他"自我"中的很多支柱跟不上现实的需求，因此每走一步，都有劈身之痛。

根据丹麦哲学家克尔凯郭尔的理论，人生有三种绝望：不知道自我，不愿意有自我，以及不能够有自我。而能有效治愈这三种绝望的，便是关系。"自我"只有在关系中才会被照亮，并被看见。关系能让"自我"实现生长，而与人生的三种绝望相对应，关系的建立也面临着三种困境：

懒得与人交往，不愿意伸展自我——闭塞，孤独。

懵懵懂懂，不知道如何伸展自我——迷茫，痛苦。

被他人压制，内心恐惧，不敢与人交往，无力伸展自我——压抑，放弃。

无论是哪种情况，想要从中实现"自我"的突围，都需要建立并维护好每一种关系。这些关系不仅是"自我"强有力的支撑，也能让我们变得充实，具有活力。

人生的丰富其实是关系的舒展，生命的贫瘠本质是关系的蜷缩。一条关系被掐断，人会不可避免地感到恐惧和痛苦。时至今日，我依然清晰记得9岁时的那个早上，我走出家门，准备去医院给重病的爸爸送白糖，一个男人大声向我喊："娃儿，你别去医院了，你爸爸昨晚就没了。"顷刻之间，我脑袋"嗡"的一声，只觉得天旋地转；然后，整个人烂泥一样瘫坐在地上，魂魄仿佛全被挖走了。死亡强行扯断了我与爸爸的关系，这是亲情中最强大、最重要的一根线，这根线断了，我的生命陡然悬在了半空。

爱情的失去、事业的沦陷、信仰的崩塌……我们生活的六根支柱，每一根支柱的倒下，都会引发一场地震。而我们之所以会痛苦，便是因为这一领域的关系被突然斩断，阻碍了生命在此伸展。

在编辑《真诚是生命的药》时，有一段关于"犯罪"的论述，让我深感震撼："我们生活在一个巨大的关系网中，所谓犯罪，就是在其中设置障碍，阻碍我们与他人建立关系，让我们成为一座孤岛，陷入信息不通，交流不畅的无助、恐惧和绝望中。"这和我们传统意义上对犯罪的解读大相径庭，我们总以为，犯罪就是走入歧途，从未想过截断一个人的关系，才是真正的罪恶。读完这段文字，我脑中浮现出一个词——剪径。"剪径"的意思是拦路抢劫，其原始意象给人的触动尤其深刻。径，是路，是人们来来往往，走亲访友，进行交流和贸易的通道，也是人与人建立关系的渠道。现在，这条路上站了个彪形大汉，他手举大刀，凶神恶煞，把路拦腰剪断，屏蔽掉，让他人走投无路——这种强盗行径，确实是真正的犯罪。

同理，杀人者之罪，在于剪断了他人生命之路；滥伐者之罪，在于剪断了自然循环之路；讥讽者之罪，在于剪断了他人自信之路……这些做法，都是实打实的作恶，不掺假的犯罪。与之相反，善者之善，勇者之勇，慈悲者之慈悲，便在于对于关系的修复与捍卫，他们打通了生命所需通道——无论是身体的，还是心理的。

"剪径"并非只出现在江湖故事中，更广泛存在于现实里。挑拨离间的小人，棒打鸳鸯的父母，故意使绊的同事，这些人都是我们的剪径者，而我们必须从心理上与之对抗，建立、巩固并经营好六大关系。

然而，我们必须承认一点：无论多么努力，六大关系（或者说六根支柱）都不可能同等强壮。有的人励精图治，终于换来事业上风生水起，但爱情支柱却岌岌可危，很难稳定；也有的人情感上始终琴瑟和鸣，事业却不值一提。但这也是生活的常态，我们都不可能十全十美，因此在六大关系中，也不可能处处都游刃有余。

我们的短板或许源于性格，或许是因为当时环境，或许是几种原因综合的结果，总之，都给我们带来了遗憾，甚至亏欠。当年我在人大读书的时候，一位昔日同学专门来北京看我，这位同学在我考研究生时，给了我很大的帮助，这次见面，我们相谈甚欢，但很快，尴尬的一幕出现了。吃完饭结账时，我支支吾吾了半天，也没有掏钱，并不是我不想，而是当时我真的太穷了。最终同学付了账,虽然他看起来很平静,但我知道,他的心里一定会有波澜——他当初对我帮助颇多,而今又千里迢迢来看我,我却连尽一次地主之谊都不能做到。

在那之后,同学再没联系过我,我也不好意思去找他,我们渐渐没了来往,而所有与之有关的感谢、喜悦、窘迫和懊恼,也都成为难忘的往事。每次回忆到这一页,我依然会感到惭愧。

不如意事常八九,可与人语无二三,关系也是如此,我们的六根支柱里,有些突然断掉,难续前缘,有些则慢慢腐朽,让人叹息。但并非只有六根支柱全都完整坚固,我们才有资格享受生活,事实上,不完美的关系,同样能撑起生活之圆。就像下图这样:

缺了一根支柱的人生

自我

虽然这个圆并不完美，却大体保持着圆的形状。无论我们缺失的是什么，我们还有另外的支柱可以撑起生活。事实上，无论是谁，不分地位高低，来自何方，是贫是富，都会有所不足，有需要解决的困难。清早出门，每个人心中都压着包袱，傍晚归家，脚步里藏着各自的沉重，但即便如此，我们照旧可以让生活继续向前，伸展自我，并不断寻求突破。

亲情，生活的第一根支柱

亲情，通常是支撑生活的第一根支柱。一个人最早建立的关系，是与妈妈的关系，因为生命是在妈妈的身体中孕育，并依赖妈妈的乳汁哺育，所以，母婴关系是一切关系的起点。从这个起点出发，然后进入与父母的亲子关系中，与兄弟姐妹的关系中，以及与爷爷奶奶、姑姑、姨妈、舅舅等一系列关系中……这些关系的总和，叫作亲情。

在所有亲情关系中，母婴关系至关重要。英国心理学家唐纳德·温尼科特曾说："一个宝宝是无法单独存在的，本质上，宝宝是某种关系的一部分，需要妈妈作为一个完整的人持续在场。"完善、持续的母婴关系，是孩子健康成长的基础，如果母婴关系变得脆弱，甚至被扯断，婴儿的成长将异常艰辛。

我过去认为，婴儿是没有记忆的，婴儿时期的一切遭遇都不会对未来造成影响。但随着年龄的增长，我意识到婴儿时期对人的影响是巨大的、深刻的。在我9个月大时，食道癌无情地夺走了妈妈的生命，扯断了我与妈妈的关系。虽然我并不记得那时的具体场景，但在潜意识深处却感受到了无边的恐惧，并且，一直影响到了我日后的性格。我曾总结过自己性格的几个缺陷：

1. 急躁易怒，心中总有一股怒气，一点就着。

2. 有强烈的控制欲。只有自己能掌控一件事情时，才会感觉安全、踏实，否则就会焦虑、失眠。

3. 胆小，内心充满了莫名其妙的恐惧。具体表现就是害怕坐飞机，尤其是当飞机遇到气流颠簸时，能吓得不停流汗。

4. 很可能有分离焦虑症。害怕女儿离开身边，担心妻子的安全，倘若不能及时掌握她们的消息，就坐卧不安，脑海中常出现灾难性思维，想象她们会遇到不测。

经过很多年的观察和分析，我发现，自己急躁易怒的性格，正是来自于母婴关系被扯断后，所产生的强烈愤怒。作为嗷嗷待哺的婴儿，我本来应该有妈妈陪在身边，给予我无微不至的呵护，喂养给我乳汁，在我害怕时抚摸我、疼爱我。对于婴儿的我来说，妈妈就是我的生命线，但突然之间，妈妈离开，生命线被掐断，我被无情地抛弃，内心自然会感到愤怒。由于这些愤怒隐藏在潜意识深处，没有经过处理和释放，便以急躁易怒的性格保留了下来。

其次，妈妈去世，我纵使再愤怒，也不能让她回来，这又让我陷入无边的恐惧，产生了强烈的不安全感。在恐惧和不安全感的驱使下，我的潜意识告诉我，我必须自强，而这种自强则表现为不相信别人，只相信自己。我对坐飞机的恐惧，很可能也与此有关，坐飞机意味着要把一切都交给别人，而这种无法掌控的局面，就会令我抓狂。

最后，由于妈妈的离开，让我在长大后特别重视亲情，而"特别重视"也意味着特别害怕失去。这种怕深入骨髓，以至于经常产生灾难性思维，患上了分离焦虑症。

我的这种种心理，在一幅油画中得到了极大共鸣。那是画家冷军的作品，名字叫《襁褓》，当我看到那幅画时，浑身的每个毛孔都像被炸裂一般，震撼、悲伤又恐惧。画布上有一只被踩扁的烂铁桶，锈迹斑斑，满布狰狞的裂口，桶身用两根铁丝交叉捆绑起来，上面还搁着几个奶嘴。也只有这几个奶嘴，可以证明这冰冷的桶里曾睡过一个婴儿。

这样的襁褓毫无温度，也毫无生气，而我幼年时的生存环境，和这铁桶没什么两样。没有轻声细语的安抚，我的哭号得不到任何回应；没有温暖软绵的怀抱，只有稚嫩的肉身暴露在寒风中，不断与坚硬冰冷的环境摩擦、碰撞。我在成年后，总

《襁褓》

是反复做一个梦,梦里我浑身冰冷,尤其是脚,就像浸在冰水里一样,每次从梦里惊醒,我的身体都是蜷曲着的。后来听姐姐们提起,我在婴儿时期曾经冻伤过双脚,那时候父亲不得不用棉花把我的脚裹起来,很长时间才康复。大概是那种感受太深刻了,心中留下的伤疤一直疼到了今天。还有,当我冥想时,时常感到一阵阵不可名状的惊恐,像电流一样,从心中涌出,并传遍全身。

"襁褓"是一个重要的象征,是母婴关系具象化的体现,也是婴儿与世界最初的连接。在破烂漏风的襁褓中,婴儿的身体得不到呵护，求助的哭泣无人问津，他们在试图与世界连接时，感受到的是冰冷和生硬，这会让他们内心充满无边的恐惧，就比如我的童年。

而完好舒适的襁褓，是用洁净、温情和爱编织而成。婴儿被包裹其中，耳朵听着亲切的话语，身体感受着温暖的触碰，喝着带有母亲温度的乳汁，自己的一哭一笑都能得到呼应。在与世界的联通中，他们感受的是光明、安全和快乐，就比如我女儿的童年。

不同的襁褓，会塑造出截然不同的性格。生活在不舒适的襁褓中，孩子的内心得不到舒展，长大后很容易陷入焦虑与惶恐。我就是个鲜明的例子，我心中难以摆脱的忧惧，成年后微微驼背的习惯，无论盖着多厚的被子依然会被"冻"醒……所有这些，都是幼时襁褓留下的后遗症，那是种文字不足以表述的痛，在这样的襁褓中，浓黑的恐惧成了我生命的底色。

与我相反，女儿的性格直率、活泼阳光，这一点，从她亲手绘制的这幅油画中可以看出。

如一束阳光照耀着海面，又像是宝石发出的光芒，在女儿的画中，我体会到了斑斓梦幻，明快有力，以及无限的可能性。我将这幅画取名为《生命的本色》，这是我从小所不具备的色彩，也是我几十年来不懈努力，想要看到的颜色，而或许，女儿从一出生就拥有了。

《生命的本色》

  我无法完全体会她心目中的童年是什么样子，但是，她的一件雕塑作品或许能透露出答案，这件作品的名字就叫《童年》。

  整个作品的色调清新亮丽，像小孩子手中捧着的棉花糖，又像是少女最爱的马卡龙，洋溢着幸福和甜蜜。可爱的小动物

《童年》

闲适地在里面休息,满是浓浓的童趣。这是一个没有大门与围墙却又无比安全的乐园,很多人说,看完后身心愉悦,感觉得到了治愈。

孩子的童年可以分为三个阶段,从出生到1岁前,都处于**母婴关系**中。我们虽然并不记得一岁前的情景,但那些感受却早已驻扎在潜意识的深处,塑造出了我们的性格。我们90%的感受、想法和行为方式,都来自母婴关系。正因如此,很多人认为母婴关系决定人的一生。

随着婴儿逐渐长大，从母婴关系过渡到了**亲子关系**。1岁到6岁期间父母与孩子的关系，被称为亲子关系。在亲子关系中，孩子与世界的连接更加丰富，父亲也参与其中，成为孩子感受世界的重要通道。在这个阶段，父母需要经常与孩子互动，跟他们说话、嬉戏，将亲情这条关系建立得更牢靠，冷漠或紧张的亲子关系，都将不利于孩子成长。

我曾在新闻中看到了一位3岁男孩，他一直不能开口说话，这让家里人疑惑又担忧。后来因为一次意外坠楼，他在医院里躺了4个月才得以康复，但让人们意外的是，出院时他竟然也能开口说话了。原来，男孩在病房里的每一天，医生护士都会和男孩说话，而在此之前，他的父母总是忙于工作，很少与孩子交流。语言构成了强有力的关系，让孩子感知到了外部的世界，也找到了自己语言的能力。

事实上，不仅是孩子，包括成年人在内，每个人都是在关系中获取能量的。遇到麻烦时，我们会向父母或朋友征求建议；痛苦时，我们去找知心好友哭泣或倾诉。美国著名心理学家丹尼尔·西格尔曾说："亲子关系产生的联结，以及在互动中交换的信息和能量，会影响孩子大脑的发育。"而以我的亲身体会来说，良好的亲子关系不仅能塑造孩子的大脑，还能打破父母固化的思维模式，让父母与孩子实现共同成长。

科学家们经过研究发现，人与人的互动，能够让大脑内的神经元实现联结，而其中，直接且真诚的互动，起到的联结效果最好，这样的关系被称为"整合的关系"。因为"整合的关系"，我们的大脑能变得更完善，思维更开阔，情感上会更富有同情心。如果一个人在童年时期就能拥有"整合的关系"，很容易培养出开朗、百折不挠的性格，成年后也能尽情施展自己的能力和才华。

与之相反，如果孩子没有体会过"整合的关系"，性格很可能是压抑且别扭的，他们看不见别人，别人也看不见他们，即使长大成人，依然学不会如何与他人相处。但是，这一切的始作俑者，便是孩子的父母。在亲子关系阶段，父母与孩子是否能建立起"整合的关系"，直接决定着孩子的未来。

每个人都存在于一张人际关系网中，而这张网从本质上说，就是一张能量网。牢固的关系能够给予我们稳定强大的能量，而若即若离的关系则会让能量不济，生活变得黯淡无光。

我曾听过一则真实的案例，一位患了重度抑郁症的女孩，在提起自己对父母的感受时，用了一个有些奇怪的比喻："一根羽毛。"

这个回答出人意料，仔细想来，却又无比真实。从她记事起，她的父母就都是工作狂，愿意一掷千金给她买来最好的玩具，却不愿意停下脚步和她说话。在她的心中，父母确实就像一根羽毛，飘浮不定，一会儿出现在眼前，一会儿又飘去远方。她没有从亲子关系中获得足够的能量，因而长大后才会抑郁难解，丧失了青春本该拥有的活力与光彩。

孩子远比我们想象的要敏感，父母如果无视孩子，孩子会感到无助，而如果父母偏心，那么这种倾斜的爱会让孩子出现严重的心理问题。

中医罗大伦博士曾讲过一个故事，有个女孩原本好好的，突然之间却不会说话了，直到上了小学依然不见改观，家里人带着她到处求医，却都没有效果，就连心理医生也束手无策。

直到家人带着她找到罗博士，罗博士详细询问了女孩的家庭情况后，才明白了问题所在。

女孩的家在农村，家里一共有三个孩子，她是家里的老大，老二也是一个女孩，老三是一个儿子。这个女孩初次犯病的时间，恰巧就是在弟弟出生之后。罗大伦博士见过很多类似的家庭，父母执着地想要生出男孩，而女儿们则像是不怎么成功的试验品。这个女孩的情况便是如此，看到父母把全部注意力集中在弟弟身上，女孩备感冷落，她希望父母能看到自己，于是总会抢着说话，可她一说话，就会招来父母的训斥："你闭嘴！赶快到一边儿去！"

经历了无数次这样的责骂后，女孩真的闭上嘴了。可她闭嘴后，家人反倒害怕起来，带着她求医问药。她发现，这竟然成为自己博得父母关爱的方式，于是，身体开始呼应心灵，真的患上了不能说话的病。

智慧的父母，会以爱为圆心，以公平为半径，对每个孩子不偏不倚地画出一个圆，让每个孩子都能沐浴在同样的关爱中。而偏心眼的父母，对于孩子则会有亲疏之分，他们画不出完满的圆，因此也就不会拥有安宁的家。

千万不要低估孩子内心的失落与嫉妒。《圣经》中的该隐和亚伯本是亲兄弟，但因为亚伯总被偏爱，该隐备受冷落，以至于该隐恼羞成怒，杀死了弟弟亚伯。类似的桥段更是广泛出现在我们的文化体系中，《左传》中的"郑伯克段于鄢"便是因为母亲偏爱弟弟、厌恶哥哥所引发出的夺位之战。这些年的电视剧里，这样的形象就更多了，《欢乐颂》里的樊胜美，《都挺好》里的苏明玉，《安家》里的房似锦，她们都有一个偏心眼的妈，也都是不被偏爱的那一个，而被偏爱的另一个总是懦弱无能。人们之所以会对这些虚构出的人物感同身受、为之气愤不平，是因为在不虚构的现实中，确实有很多人的童年就浸泡在倾斜之爱的苦楚中。

孩子与父母，需要建立起亲密的依恋关系，父母要看得见孩子的需求，并且充分呼应孩子。然而，这并不代表我们要对孩子有求必应，放弃对孩子的管教，最难的便在于其中尺度。美国心理学家海因茨·科胡特说过的三句话，对我的帮助很大：

1. 不含敌意的坚决。
2. 不带诱惑的深情。
3. 恰如其分的挫折。

所谓**不含敌意的坚决**，就是对孩子说"不"的时候，不表现出生气或愤怒的情绪，而是能以温和的态度，让孩子体会到父母的坚定与不容置疑。

记得女儿上小学时，看到班里很多同学都拿着苹果手机，她很羡慕，一天放学后她问我："我能不能也有一个那样的手机？"面对她的请求，我本能地冒出两种截然相反的想法：同意给她买一个；或者立刻拒绝。但随即，我打消了心中的念头，对女儿说："孩子，这件事情很重要，你让爸爸想一个晚上，第二天早上回答你，好吗？"买，还是不买，我真的想了很久，最后认为她还小，手机对她弊大于利。

第二天早上，我温和而郑重地对女儿说："孩子，爸爸想了很久，觉得现在给你买手机还太早，等你稍大一点再说。"我原以为女儿会不高兴，谁知她愉快地回答："好吧，我懂了。"对于她的反应，我当时是有点意外的，为什么我拒绝了她，她却一点也不生气呢？后来我明白了，我那时的拒绝是种"不含敌意的坚决"。

我没有当即拒绝她的请求，而是认认真真地想了一个晚上，由此她知道我并没有敷衍她，而是对她的请求十分重视。这样的拒绝便是不含敌意、不带情绪的，而且，还能让孩子从中感受到深深的爱意，所以孩子才会欣然接受。很多时候，一个人想获得一件东西，并不是真的要获得这个东西，而是想通过这个东西证明对方是不是爱她。

这件事对我而言，是个宝贵的经验，自此我意识到，没有经过认真思考的坚决，不是真正的坚决，而是鲁莽和固执，不可能建立起良好的亲子关系。之后，每次我都会仔细思索后，才会决定是否要拒绝孩子，因为她说得不一定错，而我说得也不一定对，流经内心而给出的拒绝，总好过条件反射地说"不"。

不含诱惑的深情，是指不以物质和情感等为诱饵，去诱惑孩子做某事或不做某事。比如父母对孩子说出"儿子，如果你考试拿了第一名，爸爸就给你买手机"时，就是在抛出物质诱饵，借此诱惑孩子，类似的还有"如果你如何如何，我就不爱你了"，这是在以情感为诱饵，诱惑孩子顺应父母的要求。心理学家温尼科特曾说："父母试图像捏一块泥巴一样塑造孩子的做法是错误的，因为那样的话，父母就要为结果负责，没有任何父母能负得起这个责任。"对此我深表赞同，父母不该做工匠，而是应该做太阳，只需要给孩子提供爱、温暖和关怀，至于孩子是要长成什么树木，开出怎样的花朵，则是他们自己的事。

女儿曾在北京一所很有名的小学就读，学校对外宣扬快乐教育，但实际上，学生之间的竞争却异常激烈，而且，老师还会用很多方法鼓励这种竞争。比如奖励小红花，并为学生们得到的小红花数量排名，为此女儿经常是生着气回家，因为她得到的小红花总不是第一名。

对于这种"驯兽"式的教育方法，我很不理解，也难以接受。可怕的是，我身边至今还有大量家长如此训练着自己的孩子，区别只在于小红花换成了小贴画、小零食或者别的东西。在我看来，我们去做某件事情时，不应该仅仅是为了外在的获取，更多的是内在的一种需求，这便是"内驱力"。内驱力是一个人独立的前提，一个人只有真正想要达到某种目标，并愿意抛却一切去满足内心的渴望，才能真正实现成长。内驱力对孩子而言尤为重要，他们需要独立思考、独立判断，需要在有一天物质奖励已经无法让内心激动时，依然明白自己要去做什么。而与之相反，人与人之间一旦存在诱饵，即便是出现在亲子关系中，也只是戴着面具的奴役。

我并不排斥竞争，但是却讨厌有目的的诱惑，于是，在又一次看到女儿生气的脸时，我和她进行了一场谈话。

"你害怕竞争吗？"我问。

"不怕。"

"那你明白竞争的意义吗？"

"不知道。"

"竞争的意义不在于打败对方，而在于强大自己。"

"爸爸，这是什么意思？"

"就是说，得小红花并不是你的目的，你不用与别人攀比，只要觉得自己比过去更棒了，就行了。"

对于一个 7 岁的孩子，我只能如此简单地表达，但好在女儿听懂了，在那之后，她再也没有把得到小红花当成目标。诱惑无关真情，反而刺激出了人性中最坏的东西——羡慕、嫉妒、恨。而真正的成长没有攀比，也不需要别人评判，是内心的自然花开，是不带诱惑的深情。

而至于**恰如其分的挫折**，则是指让孩子适当去承受一些打击，但这些打击又是孩子能够承受的，有利于成长，不至于造成伤害。我认为，有一点需要特别注意，那就是孩子的挫折感最好来自外部，而不要来自父母和家庭。一些父母把自己当成了挫折教育的最重要方式，动辄对孩子大喊大叫，孩子犯一点错，父母就严厉批评，上纲上线。这样的做法早就远离了教育的初衷，只能给孩子带来难以忘却的伤害。

日本有档人气节目，叫作《初遣》，已经播出了30年。初遣的意思，就是第一次被父母派遣出门，也就是咱们所说的"帮爸妈跑腿儿"。那些接到初遣任务的孩子，都是2岁到6岁之间的幼儿，在第一次独自出门时，他们有的兴奋，有的忐忑，还有的干脆大哭起来。在完成任务的过程中，他们会买错东西，会忘记要办的事，会迷路，甚至会困得在路边坐着睡着了。但所有工作人员都不会出面帮助，而是暗中看着孩子们独立面对这一切，因为，这都是他们成长中必须经历的挫折。

我看了网络上对于这档节目的评价，不少人都说，自己在看节目时常会不知不觉就热泪盈眶，看着孩子们勇敢地战胜困难，又哭又笑地完成了人生重要的第一次，即使是成年人，也会深受感动。而根据节目组后来的回访，那些在初遣任务中表现得格外顽强的孩子，在长大后不仅性格开朗，也都学业有成。

就我本人而言，"恰如其分的挫折"其实也是我的短板。"分离焦虑症"让我十分害怕女儿受到伤害，对她总是忍不住过度保护，但而今，我已经意识到了这样做的影响，并且开始改变。希望我和所有父母都能找到合适的那个点或那条线，让我们的爱成为孩子的屏障，却不会阻挡他们成长。

友情，生活的第二根支柱

几年前，我和家人在葡萄牙里斯本度假，与定居当地的朋友们聚餐时，一位朋友讲了一件很有趣的事。一次，他与太太带着家里的宠物去做客，刚一踏进对方的院子里，突然从屋里窜出一只大狗，朋友与太太吓了一跳，以为狗会朝着他们大叫，谁知大狗根本没理他俩，而是飞快地冲向了他带来的宠物——也是一只狗。两只狗顿时玩作一团，在院子里追逐打滚，兴高采烈，朋友忍不住向太太感慨道："你看，连狗都需要朋友，何况人呢。"

这让我想起了自己第一次去葡萄牙时的感受。虽然那里空气清新，风景宜人，妻子和女儿也都在身边，但我心里却总是不好受，因为在那没有朋友，难免感到孤独。后来我们加入了当地的华人圈，交到了不少投契的朋友，我才真的开始享受在葡萄牙的时光。

纪伯伦曾说，朋友是你的"餐桌"，饥饿时，能给你提供食物；朋友是你的"壁炉"，寒冷时，能给你温暖，倾听你内心的忧伤和孤独。这段话真实地描绘出了友情对于我们的意义，正因如此，在人生的六根支柱中，友情必然占有一席之地。

友情，就是指与朋友建立关系所产生的感情。它也是"自我"射出的一条丝线，如果说亲情是帮助我们构筑起"自我"，那么友情就是帮我们延伸"自我"，将"自我"进一步打开。除了亲人外，一个人与世界连通的最早途径，通常就是朋友。我们最初的朋友，或者是游乐园认识的伙伴，或者是幼儿园的同学，总之，友情让我们得以将探索的步伐延伸到家门以外。

因为友情，我们得以知道，自己的生活，不必只局限在那几十个与自己有血缘关系的人之中，对于每个人而言，这都是一次重要的突破。记得在女儿很小的时候，她很乐意与家人出门，对于家人对她的各种装扮，也都欣然接受。但不知从什么时候开始，女儿不再喜欢和我们出去玩，而是更喜欢和朋友在一起，甚至会直接拒绝我的安排："爸，我能不去吗？我想跟朋友们玩。"而且，她也开始拒绝我们对她生活细节上的安排，就拿穿衣打扮来说，她不再乖乖接受那些为她买来的东西，而是会向朋友们征求意见。我这才发现，她已经不再是那个任我们打扮的小女孩了，她有了自己的想法与主见，也有了属于自己的朋友圈。

虽然，我偶尔会怀念她幼时完全依恋我们的样子，但我更知道，与朋友建立关系对一个人而言有多重要。记得女儿在读小学时，有一天犯了错误，老师不仅当众狠狠批评了她，还鼓动全班同学孤立她。那段时间，她每天都很痛苦，自她出生起，我从没见过她如此难过。这种隔离和孤立，就像剪径的强盗一样，阻碍了人与人之间建立正常的关系，是种犯罪。

"自我"在关系中诞生，也需要在关系中成长，朋友便是最重要的一条通道。这条通道一旦被切断，人会不可避免地感到孤独、寂寞和痛苦。阿尔贝·加缪说："这世上如果还有一样东西，人总是渴望，有时也能获得的话，那就是人与人之间的温情。"尤其是在亲情缺失的情况下，朋友的温情更为珍贵。

我从9岁丧父后，就和三个姐姐相依为命，因为家境贫寒，从小饱尝冷眼。先是老师看不起我，那个年代老师体罚学生是常事，我就不止一次挨过老师的拳头，每次老师一边打我，一边还会用语言羞辱我。因为老师的示范，一些同学也开始欺负我，那些鄙视的眼神、辱骂的言语、无端的攻击，就像一根根毒刺，刺得我心中不停淌血，今天想来依然隐隐作痛。

我之前说过自己有些驼背，但其实，我从小就习惯了弯腰低头的姿势。那是一种由内而外的躲避，因为在小伙伴面前，我感到自己实在抬不起头。后来读了一些心理学书籍，我才明白，这是潜意识所采取的自我保护策略。当人沮丧时，会耷拉着肩膀，垂头丧气；当人自卑时，会感觉自己的躯体都变小了；当人受辱时，会不敢抬头，似乎只有泥土能接纳自己。

然而，再卑微的人也会有改变的欲望，我逆转人生的武器，就是高考。可命运似乎故意捉弄我，尽管我很努力，第一年却没有考上大学。落榜后的那个冬天，我正低头走在县城的街道上，突然一个声音远远响起："涂道坤，你好！"抬头一看，原来是一位高中同学正在喊我。他考上了不错的大学，这回应该是趁着放寒假回家过年，而且，他的父亲是县里的大官，家境优越。与他相比，我衣衫破旧，还刚经历了落榜，实在是自惭形秽。但这位同学没有一丝一毫的嫌弃或鄙夷，反而高兴地冲过来，紧紧地拥抱我，那一刻，一股暖流在我全身涌动，内心有些东西被深深地触动了。后来，在高中同学三十年聚会时，我特意向这位同学敬酒道："你知道吗？当年你的一个拥抱，温暖了我几十年。"

如果用几何图形来表现友谊，朋友之间，就像是两个拥抱着的半圆。原本，每个人刚刚走出家门时，都是孤独、自卑与不完美的，我们战战兢兢，不敢向外伸展。而当我们遇到了朋友，我们与对方身心相拥，两个半圆就变成了一个圆。这个圆就像是车轮，可以借由友情将自己带去全新的地方。下面这两幅图，便反映了这一过程：

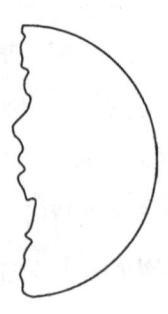

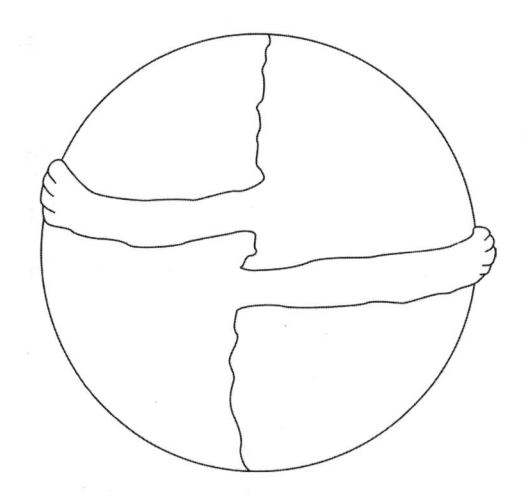

在一些国家，人们一直都有这样的习惯——朋友见面时，一定要互相拥抱，甚至亲吻对方的脸颊。这些亲昵的举动并非只是礼仪，而是在散发一种信号：你是我的朋友，你被我接纳了。

我的外甥女曾就读于北京一所国际学校，在十一年级时，学校组织学生到四川凉山彝族自治州去帮助艾滋病患者。别的同学都尽量与患者保持距离，但她见到这些精神萎靡的患者后，却没有任何芥蒂，而是主动走上前去，紧紧与他们拥抱在一起。学生们带去的捐款和礼物并未让病人们感动，反而是外甥女的拥抱，让他们全都流下了眼泪，因为在那一刻，他们感到自己被接纳了。

我的女儿也曾对我讲过一件事。那是她刚刚在美国读大学的时候，因为和个别舍友有矛盾，并且不习惯老师的教学方式，她很多天都很沮丧，不愿和同学说话，只默默地一个人上课，一个人下课，一个人吃饭，也不参加任何聚会。一天中午，她正无力地瘫在一张椅子上，两个中国同学走过来，很真诚地邀请她一起吃午饭，其中一位同学更是张开双臂，笑着等她站起来，而就在她起身的一刹那，同学紧紧地把她搂在怀中。女儿对于那个拥抱的细节都记得很清楚，那时正值纽约的十一月，天气渐渐有了寒意，同学穿着一件毛绒衣服，令她既温暖，又感动。因为这个拥抱，女儿体会到了友情，她内心的冰霜开始消融，开始重新融入大家，现在，她和那位同学已经成了很好的朋友。

或许正是因为友情太过珍贵，而友情缺失的人又太多，所以一些西方国家才出现了"拥抱师"这种职业。这看起来是身体的接触，实际上是心理的治疗。拥抱师充当着临时朋友的角色，而那些接受拥抱的人，则被拥抱师紧紧搂在怀中，敞开心扉，诉说内心的痛苦，以及难以启齿的秘密，有的甚至号啕大哭，但拥抱完之后，他们全身轻松，充满活力。美剧《亿万》中就有类似的情节：华尔街风云人物瓦格斯因为遭遇骗局，开始怀疑人生，当他垂头丧气回到公司，同事给他请来了一位拥抱师。在拥抱中，他失声痛哭，令公司上下惊讶不已，但不一会儿，他便气宇轩昂地走出房间，一扫之前的萎靡，满血复活了。

看起来，人们需要的是拥抱，实际上，人们渴望的是朋友，是那个在自己脆弱之时，虽然毫无血缘，却仍然愿意搀扶自己的人。拥抱只是表达友情的一个方式，真挚的友谊还会有更多传递的形式，但无论是以什么方式传达，友情都不会是人生中的浮光掠影，而是撑起我们人生的重要支点。

爱情，生活的第三根支柱

恐怕很难有一种题材，能像爱情一样，被那么多文学家、艺术家推崇备至，并一代代贡献出无数惊艳佳作。我们甚至不用特意总结哪些诗人曾歌颂过爱情，因为几乎所有诗人的口中，都曾吟咏过它的美好与凄婉。

通常来说，爱情出现在亲情与友情后，它的出现，让人与人之间建立了更深入的关系。更关键的是，爱情不仅关乎风花雪月，它还会带来婚姻、带来孩子。这一连串的影响，注定了爱情会成为我们人生的一根支柱。

什么是爱情？在我看来，爱情有几个很有意思的特征：

1. 不期而遇。爱情常发生在计划外，总带有几分"邂逅"的惊喜。爱情不会因为我们的迫不及待和努力追求，就一定降临到我们头上，我们期盼它时，它未必会来，但我们在做别的事时，它却可能突然造访。

2. 毫无道理。我们很难猜到谁与谁会坠入情网，经常是两个看来不相称的人走到了一起，而那些看起来无比般配的男女，却怎么都不来电。正因如此，人们才会有"一朵鲜花插在牛粪上"和"好汉无好妻，懒汉娶花枝"这样的感慨。

3. 身心融合。如果说，友情是通过身体与心灵的拥抱，弥补彼此的不完整，那么爱情就是通过身心融合，来消除寂寞，并体会快乐。就像下图一样，我们每个人的内心都藏着孤独，一天，我们遇到了另一个人，我们为之魂牵梦萦，我们因其激情似火。我们不仅渴望和对方有着心灵上的契合，还产生了性冲动，希望有身体上的结合。爱情让两个圆重叠，寂寞和孤独就此消失，我们与相爱的人如胶似漆，感受到了难以言喻的狂喜和幸福。

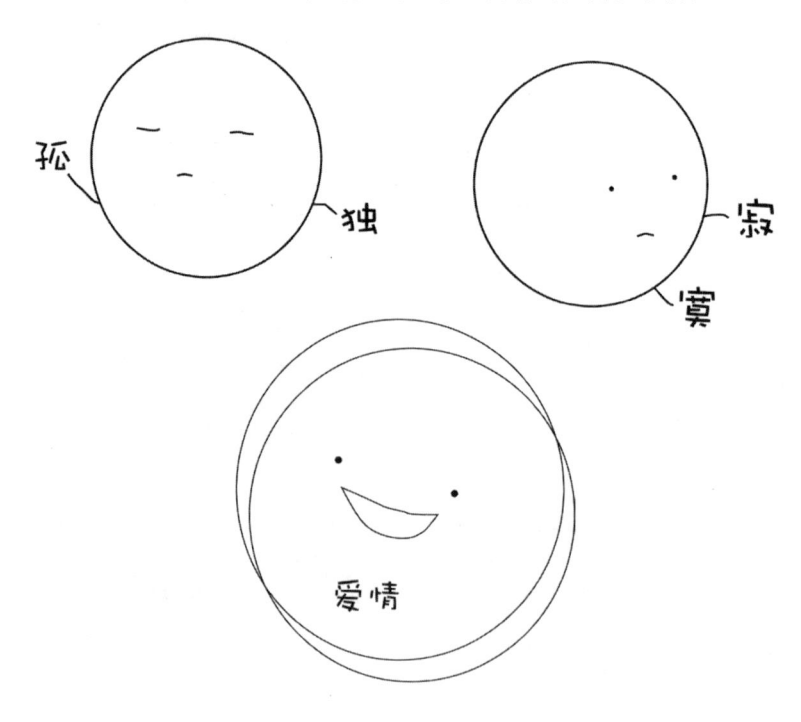

4.反复无常。不同于亲情与友情的相对稳固,爱情往往来得快,去得也快。无论热恋时有过怎样的海誓山盟,但彩云易散,激情早晚都会退去。两个重叠的圆也会逐渐分开,到那时我们才会惊讶地发现,自己爱上的只是想象中被美化过的人,并非真实的对方,于是有了失落,有了争吵,有了冲突。

5.历经考验。比起亲情与友情,爱情所需经历的考验更多,也更复杂。对方的改变,我们自身的变化,双方的家庭,现实的距离,外界的诱惑……以上种种都是爱情必须面临的问题。如果经过激烈的冲突,两个人没有分开,而是学会了相互接纳,那么才算是踏上了真爱之旅。正因如此,斯科特·派克才会说,爱情不一定是真爱,却是通往真爱的大门。

爱情妙不可言,但是稍有不慎,便可能成为深渊。人们在爱情中常常存在两个幻觉:①将爱情当成是生活的全部,认为对方就是自己的全世界,是自己的唯一,其他都无足轻重,只要能和对方在一起,即使此刻死去也愿意。②情人眼里出西施,即使对方有着明显的缺点和毛病,也视而不见,有时甚至认为,那些缺点也是其魅力的一部分。

深陷这两种幻觉的人,就是人们常说的"恋爱脑",他们无法客观地看待爱情与恋人,所以一旦失恋,幻觉破灭,也必然遭受沉重的打击。有些人在失恋之后会绝望地哭泣:"没有他,我就活不下去。""我爱她胜过生命,她离开我,我的一切都完了。"他们不仅这么说着,而且真的会因为失去爱情而一蹶不振,甚至舍弃自己的生命。我认识的一个女孩,因为向喜欢的人表白被拒，竟然服毒自尽，让人无比痛惜。而另一个故事则更触目惊心了，我上高中时，同学的姐姐与男友提出了分手，那个男人竟然找来了雷管和炸药，绑在身上，抱住她在一座大桥上引爆，同归于尽。

失恋是痛苦的，这一点毋庸置疑。正因为爱情带来了身心的融合，失去时才会撕心裂肺，好像自己的一部分也跟着死去了。我们不能要求自己在失恋时依然镇定自若，那些眼泪、不舍、悔恨与辗转难眠，恰恰也代表着我们对感情的重视。然而，拥有"恋爱脑"的人却会错把爱情视为人生的唯一支柱，当他们失恋时，状态便会是这样的：

因为认定爱情是自己的唯一支柱，所以这根支柱一旦垮塌，那么自己的整个生命便就此塌方。史琪特·戴维丝在她那首脍炙人口的 The end of the world 中，便唱尽了这样的感受，歌词翻译过来就是："太阳为何依然照耀？海浪为何拍打着岩岸？难道它们不知道这是世界末日吗？因为你不再爱我了。"

我们到底应该如何看待爱情？

首先，爱情是一个人生活中很重要的一部分，所以我们必须尊重爱情，在建立爱情这根支柱时，要真心投入，不能三心二意。

但同时，我们也要明白，爱情并不是全都，除了恋爱，还有很多支撑自己的关系，比如亲情、友情、事业等。一旦我们懂得了这一点，即使遭遇失恋，也不至于满盘崩溃，而是会呈现出这样的状态：

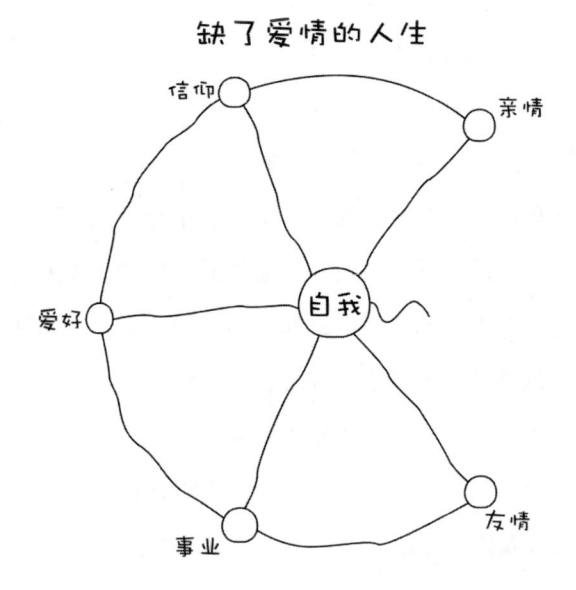

缺了爱情的人生

(信仰　亲情　自我　爱好　事业　友情)

纵然有着让人遗憾的裂缝，但我们的人生却依然能保持一个大体的圆形，生活照样能继续向前，而且，将来完全有可能重建爱情的支柱，补足这暂时的不完满。

事业，生活的第四根支柱

什么是事业？

首先必须明确一个概念，工作并不等于事业。虽然这两者紧密相连，却又有着不同之处。工作，满足的是我们生存上的需要。为了养家糊口，我们需要一份差事，而至于自己是不是心甘情愿，又愿意为之奉献出多少心力，则完全是另一回事。

与之相比，事业更多的是满足我们精神上的渴望。我们一想起自己要做的这件事，便会热血奔涌，感到由衷地期待；我们不会计较着上班和下班的时间，而是会将大量时间和精力投入其中；即使暂时不能换来经济上、名望上的高收益，我们也不会就此放弃，而是会鼓励自己坚持下去。

如果我们能将工作上升为事业，不将其视为迫于生计的屈就，那么，我们便获得了支撑生活的第四根支柱。

为什么一定要让工作达到事业的高度？因为只有这样，它才足以成为一根支柱，撑起我们人生的一角。事业不仅让我们有事可做，有经济来源，更重要的是，它还能让我们的内在能力得到施展。

我们每个人都有着自己的天赋和才华，而这些能力，需要通过一个外部的"媒介"来体现，这个"媒介"就是事业。有了事业，我们便可以将天分和才智像蜘蛛吐丝一样，一点点展露出来，形成更加完善的"自我"。我们从事业的进步和成功中，能获得强烈的存在感和价值感。作为成年人，事业更是自己与世界联结的一条重要纽带，我们通过事业扩展着自己的圈子，也开拓着自己的眼界，我们在事业上付出得越多，与世界联系得就越紧密。

在六根支柱中，事业是将现实物质与心理建设结合得最紧密的一根，我们因为事业而得以生存，也因为事业而懂得生活。想要达到这样的境界，有一点是必须做到的，那就是**全身心的投入**。如果这一点无法达成，我们自己也会陷入困顿。

当年我在研究生毕业后，分配到了北京一家报社。因为并不喜欢新闻报道，所以那几年，我纯粹就是在混日子。每一天，我9点上班，一分钟不会早到，下午3点，我找各种理由溜走，一分钟也不会耽误，有朋友因此戏称我进了"九三学社"。而因为对工作没有热情，领导交代的事我总是一拖再拖，拖到领导都对我没了脾气，现在想来，真有些对不住那家报社。但同样对不起的，还有我自己，我任凭自己消耗着内心的热情与抱负，任凭自己无所事事，从原来的标准身材，变成了一个胖子，以至于新婚妻子看见我变成这副德行，非常气恼。

好在后来几经波折，我终于找到了为之奋斗的事业——出版。出版工作激发了我所有的热情、激情和才能，我全身投入其中，每天五点钟就起来编辑稿件，一点都不觉得辛苦；我变得极富责任心，每个环节都仔细推敲，有的书名甚至考虑了一年之久；我将内心的感受和领悟融入书中，并通过这些书与读者，以及外面的世界建立了深刻的联结。对于我来说，出版工作就是一个"媒介"，通过它，我看见了自己，也感觉到了自己存在的意义，有时我甚至会产生这样的想法：我就是为出版而生的。

因为找到了事业，我不再是麻木且被动地与世界连接，而是主动向外延伸，从与同事、同行、读者和客户的关系中体会尊严，并获取快乐。我变得精力充沛，脑子里充满了各种新奇而大胆的创意，我变得敢于决断，敢于选择和放弃。而且，我连身材都慢慢恢复到了从前的样子，这真是意外之喜。我越来越感觉到，每个人的生命都是天赐的礼物，但要想真正获得这份礼物，唯有先将自己投入其中，淋漓尽致地活，事业便是我们投入热情的重要途径。

诗人纪伯伦说：

我说生活的确是黑暗的，除非有了希望；
所有希望都是盲目的，除非有了知识；

所有知识都是无用的,除非有了工作;

所有工作都是空洞的,除非有了爱;

当你们带着爱工作时,你们就会与自己、与他人、与上天融为一体。

带着爱去工作,就是把工作变成事业,把自己的真心、真情和灵魂倾注其中,让工作变成一根强有力的支柱。当我们所做之事,是自己想做之事,是自己能做之事,是被社会需要之事,亦是自己甘心不遗余力之事,这样的事,便能成为事业,源源不断地滋养着我们。

爱好,生活的第五根支柱

无论是面对面试官,还是填写交友网站的资料,不管是学生阶段认识了新同学,还是在职场碰到了新同事,哪怕是一场热心长辈张罗的相亲,所有这样场景中,都会出现同样的一个问题:你的爱好是什么?

爱好——这件看似十分私人的事情,为什么会被人们如此重视？原因就在于，爱好能从一个侧面反映出真实内心，让人们彼此了解。而且，爱好具有强大的精神能量，不仅能支撑起我们生活的一角，还能帮助我们构建好其他支柱。

爱好，是让人愿意持续进行的个人性事务，人们从中获得愉悦感与满足感。不同于亲情、友情和事业，在爱好中，我们不是必须与别人建立起关系，更多的是一种与自己的对话，很多爱好，我们凭一己之力便能很好完成。正因如此，爱好对于"自我"的意义非凡，它也因此成为我们的六大支柱之一。

每个人都会有一些爱好，有的人爱好养狗养猫，有的人爱好运动，有的人爱好园艺，还有的人爱好厨艺。即使是一家人，爱好也完全可以截然不同，比如我对戏曲几乎一窍不通，但我的太太却爱好唱程派京剧，十多年来热情不减，她每天都会琢磨唱腔唱词，虽然很费心力，但她乐此不疲。

爱好所带来的巨大影响，常常超乎我们的想象。我认识一位年轻人，他的爱好是登山，上大学时就加入了清华大学登山队，并曾担任队长。为了这个爱好，大学毕业后，他一直没有找固定的工作，也没交女朋友，平时靠翻译英文书稿维持生活，每次攒够了出行的费用，他便去登山。2008年的时候，他还曾与登山队一起带着奥运火炬登顶珠峰，成为首位成功登顶珠峰的清华学子。

第一次见他时，他刚20出头，风华正茂，才华横溢。他为公司翻译了一本18万字的书，只用了18天，而且文笔优美，令人惊叹。我高兴地请他吃饭，席间，他谈到了自己的爱好，兴致勃勃地说，自己准备用几年时间攀登一些有名的山峰。也是从他口中，我才知道了很多山峰的名字，什么马特洪峰、德纳里峰、安第斯山脉、乔戈里峰、乞力马扎罗山、阿尔金山等。

我们再次见面时，已经是 3 年后，他攀登完珠峰刚刚回京，而我恰巧拿到了一部与登山有关的书稿，感觉很适合他翻译。那本书叫作《三杯茶》，故事就是从攀登乔戈里峰开始。第二次见面，他的样子让我暗暗吃惊，之前的他外表白净，说话时多少还有些腼腆，但 3 年后再见，他已经变得面孔黝黑，而且言谈举止十分成熟坚定，我心里不禁称奇：登山作为一种爱好，竟然能对他的成长有如此大的帮助。

这之后，我们经常见面，谈得越来越多，也越来越深入。一次，我问了他一个比较尖锐的问题："你已经 27 岁了，没有稳定的工作，也没有女朋友，你爸爸妈妈怎么看你？"

"他们很生气，但拿我也没有办法。"

接着，我的问题更尖锐，我说，人们之所以会对一件事情痴迷，通常意味着这件事是进入他内心的窗户，很多人透过这扇窗，发现自己的痴迷后面藏着一个"洞"，自己是在用痴迷填补那个"洞"。我问他："你属不属于这种情况？"他想了想，笑着说自己也不确定。

我之所以提出这个问题，是因为人的爱好不会无缘无故，是有深意的，与内心紧密相连，比如他喜欢刺激，渴望品尝冒险的滋味，那么他的爱好一定要能满足他的内心需求，而登山恰恰是最合适的选择之一。而我讨厌冒险，极力避免，所以我的爱好一定四平八稳，没有任何危险，这或许就是我喜欢打高尔夫球的原因。

我们的爱好，必然与我们的内心需求有很高的契合度，正因如此，我们才能从中感受到快乐，并持之以恒地坚持下去。反过来说，任何我们愿意坚持下来的事情，也必然是能让我们获得快乐的，让人痛苦的事，很难形成习惯。可以说，爱好是内心的反映，如果我们细细思考自己的爱好，就能更深入地了解自己，帮助心灵成长。

一次见面时，我与这位年轻人约好，等他去攀登乔戈里峰时，我会全程赞助他，而他则把《三杯茶》的封面带上去。之所以只带封面，因为对于那座被称为"杀人峰"的山峰来说，整本书太重了。然而遗憾的是，这次约定未能实现，不久后，他在攀登另一座雪山时出了意外，永远留在了自己深爱的巍峨险峰中。

我为年轻生命的逝去而悲伤，但又感慨于：正是爱好增加了他生命的厚度。比起很多同龄人，他的人生更加丰富精彩，活出了别人几倍的质量。如果没有那次意外，他必然会从爱好中获取更多的养分，并将这份执着、热情、专注与勇敢投入到其他支柱的建设中去，收获完美的生活。

我的这位年轻朋友，曾向我描述过登山的感受："头顶是千年积雪，脚下是万丈深渊，随时随地都有死亡的危险。不过，我喜欢把自己置于这样的绝境，也喜欢去感受强烈的、无边的恐惧，更喜欢战胜恐惧后的那种感觉，简直太爽了！"我们的爱好或许没有这样刺激，但同样也是在不断挑战着自己，在攀登着内心的一座座山峰。我们读过的每一本书，种下的每一株花，做出的每一道菜，都是在让自己获得着愉悦，拓展着见识，并从中感悟出珍贵的道理。

由此看来，爱好并不是件私人小事，而是我们与世界连接的重要途径，我们在此关系中看清自己，也改变着自己。

信仰，生活的第六根支柱

一位朋友的父亲，非常忌讳死，平日里，就连死鸟和死鸡都不敢看，如果路上遇到灵车，更是会远远躲开，谁要是不小心在他面前提到"死"字，他就会脸色大变，满脸惊恐。一次我在这位朋友家做客时，朋友无意说起一位老邻居去世的消息，他父亲顿时四肢发抖，脸一下子变得煞白。

但就是这位老人，这些年却判若两人。不仅可以轻松谈论死亡，还会叮嘱儿女一些他的身后事。我很好奇是什么让老人实现了逆转，一问才知道，原来老人有了信仰。

信仰为何具有如此大的力量呢？或许这要从人性的弱点与

信仰的本质谈起。人性最大的弱点是"以自我为中心"。这里所说的"以自我为中心",未必是自私自利的意思,而是指眼界。在一档电视节目中,记者邀请一位贫困县的老人到北京做客,有嘉宾问他北京好不好,老人回答说:"北京好是好,就是太偏僻了。"在这位老人的心目中,自己的家乡是中心,因此,北京就显得偏僻了。我们每个人都会如此,都以自己的观点和感受在丈量世界,正因如此,才会有那么多的傲慢与偏见。

刘慈欣说,弱小和无知不是生存的障碍,傲慢才是。傲慢的人通常患有一种"应该病"——"妻子应该这样""丈夫应该那样""孩子应该这样""朋友应该那样"……一旦别人违背了他们的意愿,便会心生不满,愤愤不平。所有不满的背后都有一个潜台词——"应该";而所有"应该"的背后都源于一种心理——"一切以自我为中心"。这些以自我为中心的"应该"就像监狱的围墙,囚禁了我们的目光,要么滋生偏见与傲慢,要么陷入焦虑和恐惧。在我看来,要治愈这种认知疾病,信仰是一剂良药。

信仰是什么?或许是某个具体的宗教,或许是某种理念、某种精神。本质上,信仰是相信宇宙间存在一种比自己,比人类更高的力量,并心甘情愿接受它的引领,甚至把自己全部交付出去。当我们臣服于这种"更高的力量"之后,就能跳出"一切以自我为中心"的围墙,破除傲慢与偏见,焦虑与恐惧,变得谦卑、平和,得以看见很多以前看不见的东西。

在生活中,我们时常能感知到这种"更高的力量",尤其是在陷入困境、走投无路时。就拿我来说，我前后参加了三次高考。第一次落榜之后，我坚持补习，第二年，我的分数高过大学录取线很多，报的志愿也很慎重，但不知道是什么原因依然没有被录取。看着比自己分数低的同学都去大学报到了，我万分沮丧，崩溃地回到家中，将头埋在被子里独自痛哭。哭着哭着，我睡着了，而且做了一个特别的梦。梦里我考上了北京一所很有名的大学，学校的名字没记清，只记得是所能与北大和北师大比肩的大学。梦醒之后，我有些失落，觉得自己不过是黄粱一梦，录取工作都结束了，怎么还会有大学录取我？不过，我转念一想，这个梦会不会是一种吉兆？或许，我再坚持一年，梦中的事就成真了？于是，在这个梦的启发下，我决心继续补习。第二年，我被四川师范大学录取，虽然学校也不错，但毕竟和梦境并不一样，我便慢慢淡忘了那个梦。四年之后，当我接到中国人民大学的研究生录取通知书时，那个梦突然被唤醒了："天呀，人大不就是在北京吗？而且与北大、北师大差不多优秀。"那一刻，我的感受与梦中的情形一模一样。我惊讶不已，隐隐感觉世间的确存在着一种"更高的力量"，在当年心碎之际，给我以引领。

有一次，我与作家尹建莉老师一起吃饭，当我谈起这段经历时，尹老师也讲了一个故事。在她刚刚高考完，就做了一个梦，梦见她去乘船，站在岸边，一艘一艘船来来往往，渐渐远去，却没有一艘停下来让她搭乘。就在她感到失望之际，一艘船开过来，一位慈祥的老人站在船头向她招手，让她赶紧上船。不久，尹老师被一所大学录取了，在新生见面会上，当大学的校长走上讲台时，尹老师无比惊讶，眼前的校长，分明就是梦中招呼自己上船的老人。"更高的力量"就是这样，总是通过各种方式向我们传递未来的消息。

为什么"更高的力量"会经常出现在梦中呢？因为梦属于潜意识，与"更高的力量"息息相通，我们所说的"佛在心中"和"心诚则灵"，其实说的就是"更高的力量"蕴藏在潜意识中。

每个人的心灵深处，都隐藏着"更高的力量"，想要连接到它，不需要向外求索，只需要向内聆听，因为"更高的力量"始终与我们同在，无论过去、现在，还是未来，只不过由于我们习惯于自以为是，在心中设置各种围墙，阻挡了它的光亮。而信仰的意义就在于，可以帮助我们击穿这些围墙，将自己伸展出去，伸向远方。

没有支柱，人生就会塌方

正所谓独木难支，在我们的六根支柱中，没有任何一根单独的支柱能够支撑起整个人生，就好像任何恢弘坚固的大殿，都不可能只有一根立柱。正因如此，把全部时间和精力都投入到某一根支柱上，是很危险的。我们所追求的完美的生活，必然是数根支柱通力合作的结果。

不同的支柱发挥着不同的支撑力，而且彼此不能替代。失去亲人的痛苦，不会因为事业成功就消散；同样，没有事业时的焦虑，也不是朋友或爱人可以填补的；其他支柱的关系亦是如此。无论是谁，无论把哪根支柱当成唯一的支柱，都会让自己变得脆弱不堪。

将某一根支柱当成是唯一的支柱，本质上是一种依赖，这依赖不仅限制了我们自己，也会让关系的另一方疲惫不已。比如，一个人如果将亲情当成唯一支柱，不交朋友，不谈恋爱，不思事业，也不发展任何的爱好和信仰，两只眼只盯着家人的一举一动，家人必然不胜其烦，觉得累赘。而在别人眼中，这样的人则会成为让人嘲笑的"妈宝女"或"妈宝男"。我就曾经见过这样的人，找工作必须在离家不超过五公里的范围内；第一天去公司报到，一定要让自己的爸爸妈妈作陪；而跟同事聊天时，用的全是"我大姨告诉我""我三叔说"，她的全部见识和观点，都来自自己的亲人，没有任何拓展。这样的人，自然也很难在其他支柱上得到发展，领导会质疑她独立处理问题的能力，不愿给她机会，相亲对象会认为她心智不全，不愿与其发展。总之，人一旦将一根支柱当成世界，未必能拥有一个长处，却绝对会拥有五块短板。

圆满的生活，需要我们付出足够的时间和精力，以尽量让这六根支柱都变得牢固。当然，这并不是说只要塌掉其中一根，我们的人生就会一塌糊涂，但如果这六根支柱已经沦陷了一大半，或者每一根都很脆弱腐朽，那么离人生的全面塌方，也就不远了。

三年前的春节，我得知了一个消息，我读研究生时的一位师弟突然失踪了，任凭同学们通过各种关系寻找他，依然杳无音讯。听到这件事，我几乎不敢相信，因为就在几个月前，我们还在一起吃过饭，他看上去一切正常，怎么会突然就人间蒸发了呢？

在和大家寻找师弟的日子里，我不断回忆着与他交往中的点滴，想起来的往事越多，我心中的答案就越清晰。用人际关系几何学来说，他的六根支柱里，已经明确地失去了大半，因此，他的失踪，很可能是因为无法撑起生活的重量。

在生活的六根支柱中，第一是亲情。师弟与我一样，也没有了父母，不同的是，我9岁就成了孤儿，而他则是在大学毕业前夕，父母烧窑时遭遇塌方，双双被埋在了里面。师弟是家中的老大，下面还有一个妹妹和弟弟，23岁的他不得不承担起照顾全家的责任。在他考上研究生后，只能把年幼的弟弟留在老家，由远房亲戚照顾，把稍微大一点的妹妹带到北京当保姆。在研究生毕业后的一次聚会上，师弟喝了些酒后告诉我们，他的妹妹结婚了，但很快就被丈夫家暴，活活打死了，而他的弟弟早就离家出走，不知道去了哪里，现在是死是活也不知道。就此，师弟在原生家庭中的所有关系都断掉了。

当然，亲情这根支柱不仅局限在原生家庭中，即使原生家庭很不幸，我们照样可以通过建立起新的家庭，构筑起新的亲情。比如对妻子的爱，对子女的爱，都可以带来情感上的支撑。但师弟却选择了丁克生活，无儿无女，后来又经历了离婚，亲情支柱更是再无所依。

第二根支柱，是友情。师弟有朋友，但是他性格比较内向阴郁，很难与人真诚地交心。每次和他聊天，他总是唉声叹气，只顾诉说着自己内心的凄苦，这种单向沟通难免让人感到沉重，所以，他有朋友，却没知己。因此，友情这根支柱算不上坚固，无法给予他太多支撑。

第三根支柱，是爱情。师弟先后结过两次婚，第一任妻子踏实本分，但师弟却执意离婚，找了一位更年轻漂亮的妻子。我没见过他的新任妻子，只听他抱怨过对方生活奢侈，太能花钱。而且让人玩味的是，他说自己把年轻妻子当成了自己的孩子，我当时就有种不祥的预感，这种"养成游戏"乃是爱情里的大忌，没有人会一辈子甘愿接受别人的调教与拿捏，也没有人甘愿永远服从别人，夫妻应该是平等的，这种错位移情必然会带来麻烦。后来，师弟果然与年轻妻子分居了，为此还一个人跑到北京郊区的山里住了大半年，于他而言，爱情这根支柱也断掉了。

第四根支柱，是事业。师弟并不是个很有事业心的人，他在北京一家财经类报社工作，一路走得并不顺利，还没有到年龄就提前退休了。而他也没有其他的副业，所以，事业这根支柱也等于从他的生活中消失了。

第五根支柱，是爱好。从我认识他那天起，从未见过他对什么事情如痴如醉，他喜欢书法，偶尔也下围棋，但基本上都是浅尝辄止，不会投入太多的精力。所以，虽然不能百分百肯定，但是爱好这根支柱，对他而言恐怕也是极其单薄的。

第六根支柱，是信仰。这一点我无据可查，只不过在师弟人间蒸发前，我确实没有发现他有什么信仰。

可以说，在师弟的六根支柱中，已经明确地垮塌了大半，如果按照最糟的猜测，也就是他确实没有爱好与信仰的话，那么六根支柱中便有五根已经垮掉，仅仅剩下友情这一根并不强大的支柱，孤独地支撑着整个生活。

记得在他失踪前的最后一次见面时，他告诉了我一件事，事后想来，这件事或许就是压倒他的最后一根稻草。这件事在很多人听来并不可怕，那就是修家谱。师弟是安徽人，在他老家有一个习惯，每隔几十年同姓氏的族人，都要将自己家里的情况写下来，编辑成一本册子，传承给子孙。在我们见面前不久，师弟接到老家来电，说要修家谱，并且请他做编审。

修家谱，对平常人来说，不过是要把光宗耀祖之事筛选出来，记录于纸上；而对于师弟而言，却是一道道不敢碰触的伤疤。他该怎么去写自己家里的故事？写自己的父母死于非命？写自己的妹妹被活活打死？写自己的弟弟离家出走？还是写自己经历了两次婚姻，并且一直没有自己的孩子？这些经历本身已是痛苦，此时又被逼着一次次回望，甚至要当众展示出来，他必然感到了深深的绝望。

师弟人间蒸发后,一次,他的一位同乡和我通话时,讲到了一个细节。有一年春节,师弟与同乡从北京回安徽过年,到了芜湖时,本该分手各自回家,谁知师弟却不愿意走了,请求同乡陪他在芜湖多待一段时间。同乡很疑惑,眼看快到家了,别人都归心似箭,为什么师弟不想回家呢?而今却恍然大悟,师弟这是"近乡情更怯",他离家越近,越害怕面对家乡的人,害怕面对那个支离破碎的家,也害怕面对自己。

自师弟失踪后,直到现在,再没有人见过他,或者得知他一点消息,也没有人知道他是否还活在世上。

师弟的故事,让我更加确定了完美的生活,必须由六根支柱合力撑起,而且需要我们不断维护,以保证大多数的支柱完好坚固。每一根支柱的建立和维持都不容易,会碰到各种各样的意外和难题,有时我们会对不起别人,有时别人会辜负了我们,有时是对方跟不上我们,有时则是别人走得太快。

我们该怎么做,才能让关系变得稳固,以支撑起它所负责的那个领域?

建立关系,有三个要点——

首先要**真诚**。不真诚的关系貌合神离,一碰即碎,对生活没有丝毫支撑作用。很多人看起来交际甚广,每天不是和这个吃饭,就是和那个见面,但是他不肯对任何人说实话,也不愿倾听任何人的心声,他和任何人之间都建立不起直线关系,因此,也就不能从这些关系中获得力量。

能支撑起生活的关系，需要我们敞开心扉。巴菲特在美国一所大学演讲时，有学生问他，你认为什么样的人生才是真正的成功？学生们以为他会说些赚钱之道，谁知他只字未提财富，而是说："其实，你们到了我这个年纪的时候就会发现，衡量自己成功的标准就是有多少人在真正关心你，爱你。"本质上，无论亲情、友情、爱情、事业、爱好，还是信仰，都是以爱为核心。六条关系之所以能够支撑起生活，就在于让我们活在了充满爱的环境中。

其次，建立关系还需要**勇气**。我在从报社辞职前，一直不敢做出决定，我怕丢掉铁饭碗会后悔，怕自己创业失败，怕未来的各种不确定。犹豫了好几年，我才鼓起勇气离开那里，之后找到了属于自己的事业，而今说起这个过程不过寥寥数语，但当年却让我煎熬了无数个日日夜夜。

可以说，任何关系的建立都是艰难的。不敢递出的简历，不敢说出的告白，不敢去尝试的爱好……我们总会害怕得不到呼应，怕自己丢脸，或者是遭遇失败。但裹足不前又能带来些什么呢？既然这条关系目前的进度为"0"，那么即使失败，也不会比这个更糟。所以，与其思前想后，不如相信自己，早一些从"自我"的围墙里走出来。

第三，我们必须承认一个事实，那就是人心叵测，人际关系中有很多明枪与暗箭，所以，真诚并不等于天真，要建立关系还需要**智慧和方法**。拥有智慧，我们就能分辨哪些人可以成为朋友，哪些人需要回避。懂得方法，我们就知道该如何处理这些关系，尤其是当不可避免陷入一段糟糕的关系中——比如摊上让人头疼的原生家庭，或遇到一个攻击自己的同事时，我们究竟该如何应对。

在后面的章节中，我们会介绍一些具体的方法，这些方法同样充满了有趣的几何学原理，希望能对你有所帮助。

第3章

反击：三角的意义

冲突——让关系得到试炼，让自我获得成长

相安无事时，每个人大体都是一个圆——你好，我好，大家好，其乐融融。但一旦有了冲突，关系中的每个人都会因思维方式、情绪特点和行事风格的不同，而变成不同的形状，有的变成三角，有的变成正方形，有的则变成椭圆。

冲突总是难免的，婆媳之间、夫妻之间、父母与孩子之间、同事之间、上下级之间，都有可能爆发冲突。冲突让关系骤然紧张，也会让彼此受到伤害，所以，无冲突的关系好相处，有冲突的关系很麻烦，人人都想避免。但冲突无处不在，根本无法避免，每个人都是带着冲突生活，并因为一个个冲突获得成长。

小说、戏剧、影视作品想要精彩，必须要有足够的冲突，否则就没了看头。故事中那些"坏人"消失的时刻，往往也就意味着故事该结尾了，因为接下来没有冲突的情节，将不会再具有吸引力。司汤达在他的《红与黑》中曾引用哲学家霍布斯

的话：

> 将成千的生物放在一起，
> 拣出了坏的，
> 那笼子就不热闹了。

冲突，是指自己的想法、情绪、行为和目标与他人发生了分歧，即"自我"想要向外伸展，却遭到了阻碍。我们在拓展六大关系时，势必会引发冲突，而解决冲突的过程往往一波三折，充满了压力和焦虑、烦恼和痛苦，需要我们拿出意志和耐心、智慧和能力，当然，有时还夹杂着一些运气和巧合。

我们躲避不开冲突，因为冲突，我们才有了值得铭记与讲述的人生故事。而如果试图回避冲突，我们也就没有了这些故事。六大关系中的每一种，都是一段航程，冲突便如风浪，倘若一味追求风平浪静，人也就不会走得太远。冲突不仅增加阅历，还能反过来增强关系，就像武志红说过的："怕麻烦别人，就无法与别人建立关系，关系是麻烦出来的。"同样，没有经过冲突试炼的关系，并不会牢固；而没有经过冲突试炼的自己，也无法获得成长。

人际关系几何学中，我们将冲突中发起攻击的一方，用三角形来表示。面对这样的三角，我们该如何应对呢？一般来说，有四种方法可供选择——

反击

回避

谈判

接纳

　　反击，是针锋相对，用三角应对三角；回避，是用圆躲避三角的攻击；谈判，是用正方形与三角对决；接纳，是让三角切入自己的圆形，在破碎中浴火重生。这四种选项没有好坏、对错之分，只有合适与不合适之分。如果我们能根据实际情况，选择恰当的方法，那么，每一次冲突都是一次对自我的认知和突破。

　　冲突是处理人际关系的难点，也是拐点。解决好了，关系柳暗花明，解决不好，这段关系就变成了一堵墙，会阻碍自己伸展的路。

　　假设关系中的另一方，此刻已经变成了三角，我们该做些什么来处理这段关系呢？这一章和接下来几个章节中，我们就将详细介绍这四种应对攻击的方法。

三角令人讨厌，却是突破的标准姿态

当我们被阻拦、被侵犯、被攻击时，最本能的回应方法，就是也变成一个三角去反击。三角尖锐、锋利，是愤怒的迸发，意志的凸显，同时也是力量的体现，可以用尖锐的角冲破重重阻碍，实现人生的跨越。

我第一年高考落榜之后，姐姐、姐夫和邻居们都劝我读煤矿技校，说以后的高考会越来越难，家里如此困难，应该早点就业。按照我当年的高考分数，技校是可以轻松录取的，而且校长本人也亲自承诺过，我会在学校得到重点培养，将来安排进煤矿当技术员。在当年，这是一份相当不错的工作。

但无论别人怎么劝我，或是施加多大的压力，我都坚决不同意。我坚持要继续补习，来年再战。那个时候的我根本没有经济能力，但是居然对姐姐和姐夫说出了："如果你们不同意，我们就分家，我一个人过，也要补习高考。"其实，那时家里常穷得揭不开锅，真要分家的话，我大概也只能分到一条破棉被。后来，我的决心和意志终于打动了他们，他们用微薄的工资支持我去复读。

我复读的学校位于县城的一个山梁上，名叫凤凰梁，下面就是一条大河，叫东河。每次经过东河时，我都暗暗发誓，如果考不上大学，我就干脆跳进这条河。那时的我虽然身体单薄，还经常头晕失眠，但意志却无比坚定，就像一个三角勇往直前，人挡杀人，神挡杀神，谁也不能阻挡我。

现在想来，当年我不听家人的劝说，甚至说出狠话，那模样实在是令人讨厌，但事后证明，正是当年的莽撞，才换来了后来的突破。我想，一个人在突破时，不会是一个圆，而会变成一个三角，只有三角的尖角，才能为自己开出一条路来。但这些尖角也会扎伤身边的人，尤其是最亲近的人。所以，一个人惹人讨厌的时候，或许也就是他的突破之时。

这种能让自己突破的三角，通常很少是一个标准的三角，形状会更像是一根长矛，就像下图这样：

长矛拥有尖锐的角，可以刺破自己原有的圆形，让自己破壳而出。但也正是因为有了这个尖锐的角，我们会容易刺痛别人，并因此为自己招来厌恶、憎恨和围攻，但这也是必须承受的。我们需要有被讨厌的胆量，以及被孤立的勇气。如果顾虑太多，太在乎别人的看法和赞美，那也就谈不到突破了。

当年的我便如同一支长矛，为了获得一个机会，几乎可以不顾一切。其实这也是每个人在大踏步迈进时的姿态，必须先用三角刺破"自我"这个圆，才能走出自我的疆界。我们不妨想一想鸡蛋，鸡蛋是一个圆，当雏鸡用它三角形的尖喙从内部啄破蛋壳时，一个生命由此诞生。

圆变三角，一般要经历两个步骤——

1. 抛弃顾虑，坚定不移

首先，我们要具备强烈的意愿，并且能展开积极的行动。

有一个成语，叫"破釜沉舟"。"釜"是圆形的锅，项羽要击溃秦军，靠圆融交涉是不行的，他必须变成一个尖锐的三角，才能一举突破。而变成三角的最主要方法，就是坚定的意志。项羽让手下砸碎吃饭必需的锅，沉掉渡江必需的船，用这一系列自断后路的行为，激起士兵们必胜的决心。因为破釜沉舟，才能矢志不移，只顾向前。由此，项羽以及他率领的军队，瞬间变成了一支势不可当的长矛，所向披靡。

同样，在官渡之战时，袁绍在军队数量、粮草储备等方面明显占优势，他就像一个完美的圆，面面俱到，曹操想要击溃袁绍，不能以圆对圆，而是必须变成一个三角，迅速找到对方的弱点，然后集中火力，给予致命一击。于是，当曹操听说袁绍存粮乌巢之后，没有丝毫犹豫，亲率五千精骑轻装夜行，像长矛般直插乌巢粮仓，终于大获全胜。

正所谓"开弓没有回头箭"，圆要变成三角，一往无前是必备的条件。任何顾虑和犹豫，都会让自己失去能量，从而形状走形，丧失主动权，以致招来祸患。

2. 斩断一些关系，直奔目标

我曾有一位很要好的朋友，当年我们无话不谈，每周都会一起步行十几公里的山路，往返于学校和煤矿之间。高考落榜后，他好心地劝我："道坤，你呀，就是志大才疏。你应该听大家的劝，读技校算了，反正你再考也考不上大学。"那一刻，我的心中异常愤怒，虽然我们是朋友，但我觉得，他并不是我精神上的同路人。

从那以后，我主动斩断了我们的关系，有意和他保持距离，不再一起聊天，也不再一起赶路。在一些人看来，这或许有点不讲情义，但也只有这样，我才能远离那些干扰我的声音，专心做一个进取的三角。

人若想做成一件事，除了意志坚定，有时，还需要斩断一些阻碍自己的关系。《破产姐妹》第一季中，苏菲曾对麦克斯讲过自己的故事，说自己和前男友的关系就像是气球与石头，对方总是向下扯着自己，当有一天狠心割掉了那条绳索后，自己才得以飞得越来越高，过得越来越好。

当我们狠心割舍一段关系时，其实就是从一个圆变成了一个三角。就像下面这样：

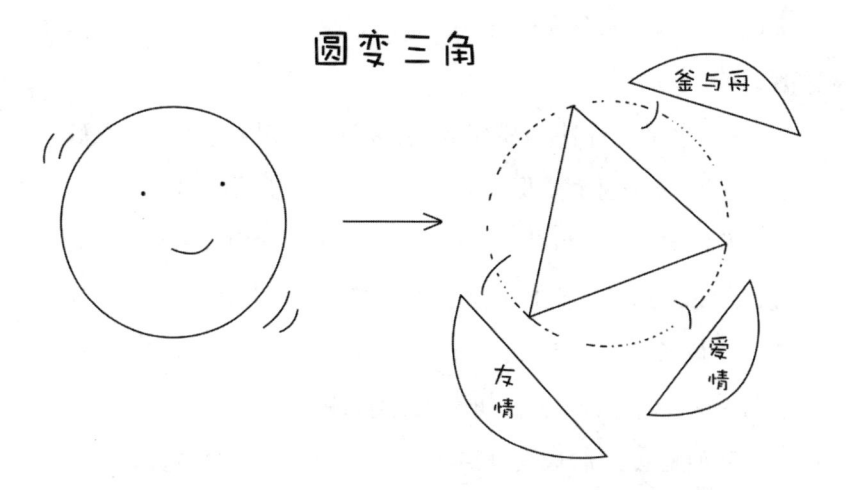

圆变三角

从圆变三角,我们要舍弃的,可能不仅是友情和爱情,有时,还不得不舍弃弥足珍贵的亲情,就像当年我为了高考,与家人激烈对抗一样。当我们斩断阻碍自己的关系时,就从一般的三角变成了长矛:

三角变长矛

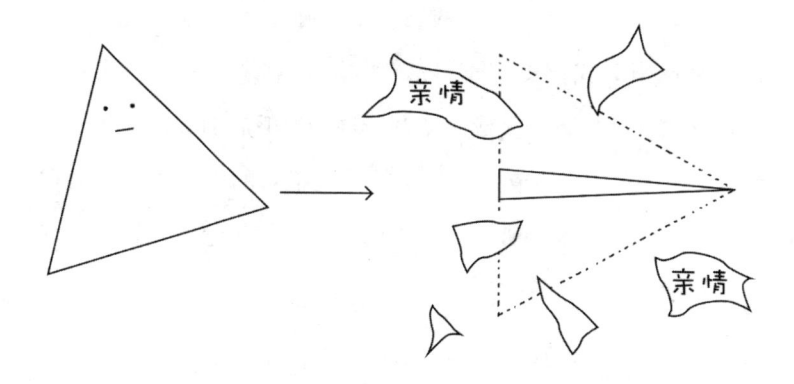

从圆变三角，要舍弃很多，而从三角变成长矛，需要舍弃的则更多。但舍弃得越多，我们就越能轻装前行，一举实现突破。

每个人在一生中，都有几个需要突破的时候，而这些突破也往往意味着割舍。我们选了这所大学，便不能同时选另一个，我们选了留在机关，就不能自主创业，我们选了与谁谈恋爱，就必须远离其他追求者。这个时候，我们需要义无反顾地变成三角形，甚至是长矛，既挣脱外界束缚，也突破自己。斯科特·派克将这种突破，叫作"纵身一跃"。

任何成长，都是纵身一跃，冒险突破自己的圆。就好像是昆虫脱壳，当甲壳已经装不下急需成长的身体，昆虫从来不会勉强自己继续凑合，而是会从里面挣脱出来，舍弃原来的壳，让自己实现成长。昆虫一生会脱壳数次，人的一生也会不断刺破自己的圆，从内向外取得一次次突破，获得更大的生存空间。

因为这一次次的刺破与重生，我们的心智成熟度不断提升，得以变成比上次更大的圆。用人际关系几何学表述，就是：无论当时我们的三角多么尖锐与锋利，但最终，我们的能量形状都会重新恢复成一个圆，这种涅槃后的圆，叫作"圆熟"。一个人真正的成熟，与年龄并无绝对的因果关系，而在于是否敢于一次次突破自己，否则即使一把年纪，心智也只能停留在婴孩阶段。

没三角的孩子容易被霸凌

我们的文化奉行中庸之道，很多人都会觉得，三角锋芒太露，容易造成人与人的对立，因此应尽量避免。尤其是做父母的，总是希望培养出一个"不刺头"的孩子，这样的孩子不仅好管理，而且在外也不容易给父母招惹麻烦。

然而，对于三角的刻意回避，是教育中的大忌。父母需要教会孩子合理表达愤怒，并在必要时变成一个三角，只有这样，孩子才能成长，并保护自己。

现实中，我见过太多这样的父母：他们为孩子制定出各种规矩，事无巨细，并且毫无弹性，孩子一旦有所触犯，或者稍微表达出一点不满和愤怒，父母就勃然大怒，骂孩子"没礼貌""不懂规矩"甚至是"没有良心"，这种动辄得咎的管教，无疑会磨掉孩子们的棱角。长此以往，孩子的能量体系必然被瓦解，很容易成为霸凌的对象。

我有一位朋友，他自己敢打敢拼，在事业上很成功，但奇怪的是，他的儿子却非常胆小懦弱，总是被同学欺负。一天，他带儿子来我家做客，我给孩子拿了块糖，孩子明显很想吃，却迟迟不敢伸手来接。他胆怯地扭头看他爸爸，直到他爸爸点头说"叔叔给你的糖，你就吃吧"，他才敢把糖接过去。看到这一幕，我心里感慨："天啊，他儿子看他的表情，哪里是儿子看父亲，分明就是老鼠见了猫。"我一下子明白孩子为什么会受人欺负了，因为他的胆量和活力，都被他父亲用"吸星大法"吸走了。

很多父母不喜欢孩子与自己拧着，喜欢孩子听话，但讽刺的是，孩子要是听惯了你的话，也会容易听别的孩子的话；他要是不敢反抗你，也就不敢反抗其他孩子。仔细观察身边的人，我发现，在外面被人霸凌的孩子，往往有一个过分严厉的爸爸或妈妈，这些孩子首先在家里被"欺负"，然后才在外面被欺负。所不同的是，爸爸妈妈的"欺负"穿上了一件爱的外衣，这爱却沉重而窒息，吸走了孩子用三角反抗的胆量。

所以，优秀的父母虽然也会给孩子制定规矩，但不会禁止孩子愤怒，因为勇气和力量，总是与愤怒同行。不会表达愤怒的人，无法将自己的能量变成三角，也终将丧失勇气和力量。这些孩子一旦遇到欺软怕硬的人，就会遭受霸凌。

有些父母不允许孩子变成三角，但是他们在教育孩子时，自己却时时都是尖锐的三角。这样的父母让人失望，而他们的孩子，其能量往往在父母三角的猛攻下溃不成军，一塌糊涂。

就像图中所绘那样：

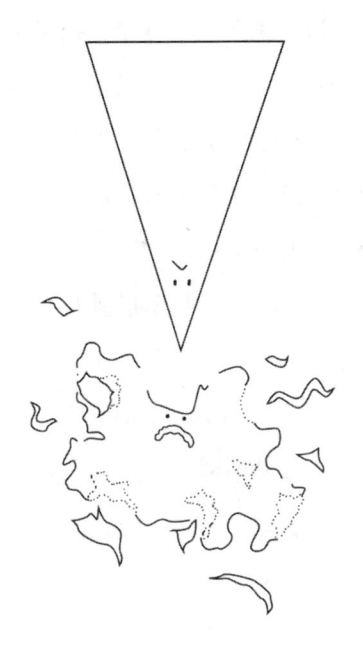

正常的人性，在被训斥和指责时都会感到愤怒，能量形状也都会变成一个气冲冲的三角。"闻过则喜"听起来很美，但并不是正常人的人性，而是圣人的人性。正常的孩子被训斥时，如果他们没有向外露出愤怒的三角，那么，他们的三角去哪儿了？答案是，钻进了他们的内心。他们的愤怒的三角会向内，攻击自己。抑郁症其实就是这么来的，抑郁症患者压抑自己，不向外表达愤怒，却将愤怒的三角藏在内心，自己攻击自己，陷入无尽的痛苦。

我的一位同学是大型国企的老总，下属几千人，在公司很有威望。然而下班后，他将管理员工的做派也带回了家中，对儿子极其严厉，动辄苛责。在他的管教下，儿子情绪上常年压抑，终于在高中阶段爆发了。一开始，孩子是突然感觉无法呼吸，后来身上湿疹不断，去医院也没检查出什么问题，最后到了心理门诊，才发现孩子患了中度抑郁症。

同学的儿子突然感到无法呼吸，就是我们平常所说的"窒息"。恶劣的关系，强大的压力，都会让人感到"窒息"。在我的认知中，"窒息"一般用来形容心理上的感受，但这个故事告诉我们，心理上的窒息同时也会导致生理上的无法呼吸。

所以，没有活出三角的孩子，他们的能量形状凌乱不堪，不仅容易被霸凌，也容易抑郁。

"老好人"的圆里，藏着带血的三角

这种不敢以三角对抗三角的情况，不仅出现在孩子身上，也会出现在成年人身上。但与孩子不同的是，成年人遇到这类情况，未必会形状凌乱，很多内心被三角折磨的人，外表却会呈现出圆形。

我们内心所产生的三角，具有两面性。当我们足够坚定，并且敢于割舍一些关系时，三角会变成自我突破的利器，并且还能捍卫我们的尊严，让我们不至于随意遭到欺凌；而如果我们心生犹豫，并且也不敢得罪别人，这些三角就会留在我们心里，成为让自己受伤的原因。

我们都见过一些"老好人"，他们从不表达愤怒，即使被人利用与欺辱，也不会反抗。但他们并不是真的不在乎，而是在刻意压抑自己。"老好人"即使愤怒到无以复加的程度，依然对外客客气气，不露出三角。然而三角并不会因此消失，而是被窝在了心中。所以，每个"老好人"看似是个温和的圆，内部却有很多倒挂的三角，扎在肉里，刺在心中，拔不出也消不掉，内心鲜血淋漓。

有句话说：

将内心呈现出来，它将拯救你；如若不然，它将摧毁你。

在人际关系几何学里，"呈现内心"就是将隐藏的愤怒向外表达出来，而非压抑在心中。表达，会让人感到轻松释然，获得救赎，而压抑，则会让人不堪重负，不仅对心灵造成伤害，也会危及身体健康。

罗大伦博士在《女性90%的病是憋出来的》一书中，讲了一个故事。他去河北一家医院做讲座时，院长指着一位肿瘤患者对他说："你一定要帮着诊断一下她，这位老大姐人太好了，在我们单位有口皆碑，真的是个好人。您说老天爷怎么能让她得肿瘤呢？"

罗博士看了看病人的脸色，又听了听她说话，随后看了她的舌象，发现她真的太压抑，中医管这叫肝气郁结。很多"老好人"都有这个毛病，因为他们的"好"是压抑出来的，外表是一个圆，里面却被三角不停搓磨，很容易患上大病。

心理学家霍妮所说的"讨好型人格"，就酷似我们所说的"老好人"。这类人会竭力表现出谦和、忍耐和顺从的样子，但内心三角丛生，不敢向外突破，只能带来自残。正常人在遇到另一个三角的攻击时，往往会"不平则鸣"，也就是将愤怒表达出来，但讨好型人格的人，却会陷入激烈的内心冲突。一方面，他们非常想表达愤怒，但另一方面，又不敢、不会或不便表达，他们就这样委屈着、忍受着，很快就心力交瘁，苦不堪言了。老好人的内心世界，就如下图：

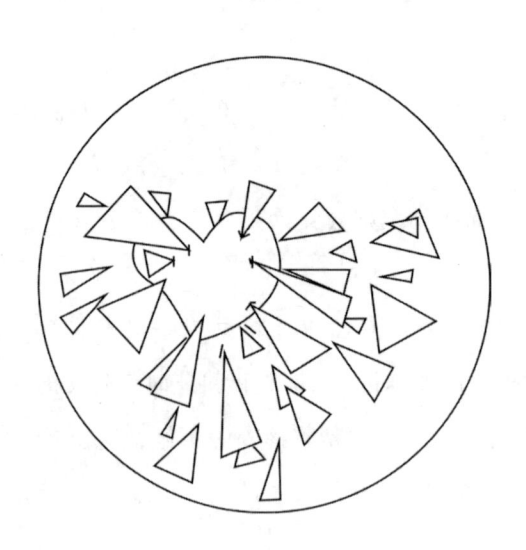

说起来，我的大姐多少就有些"讨好型人格"的特点，而姐夫则是典型的"攻击型人格"，虽然人并不坏，但脾气超级暴躁，一点就着，稍不如意就大发雷霆。几乎每天，姐夫都会因为柴米油盐的小事暴跳如雷，大声呵斥大姐。被训斥后，大姐也非常生气，恨不得与他大吵一架，但是，最后总会说服自己："算了，我懒得跟他吵。"从小我就知道，大姐口中所说的"懒得吵"，其实是"不能吵"和"不敢吵"，因为是家里的条件让她没底气吵。那时我还小，需要依靠姐夫抚养，两个人如果真的吵散了，我们姐弟的生活将更加艰难，尤其是我。可以说，大姐为了我牺牲了很多。到后来，大姐生了女儿和儿子，就更不能吵了。为了整个家庭的稳定，大姐忍气吞声了几十年。后来有一次，她到北京时，我发现她脸色奇差，身体消瘦，结果到医院一查，已经到了肾癌晚期，两个肾全都癌变了。这件事让我很难过，也很感慨，无论出于什么原因，只要把愤怒憋在了胸中，都会变成一件很可怕的事。

所以，我们不要逼迫自己成为一个"老好人"。这样忍来的圆，里面都是带血的三角，正所谓"打掉牙齿和血吞"，牙齿会扎进我们的身体，让我们身心受到极大的摧残。想要摆脱这种情况，就要勇敢地调转矛头所向，让三角向外突围，并在这些冲突中拓展自己，活出棱角。

有一种浑浊，叫椭圆对三角

我们前面说过，人与人之间发生冲突是很正常的，很多冲突都是三角与三角的周旋。但是，如果我们在变成三角时犹豫不决，这一秒想反击，下一秒又琢磨是不是该回避，这样即使成不了自伤的"老好人"，也会成为一个浑浊的椭圆。

反击或回避，是人在面对攻击时最常用的两个选项，但鱼与熊掌不可兼得，反击和回避也是不可能同时选择的。我们常说的"以退为进"，其实是采取了"回避"的方式，只不过最后达到了"反击"的效果，但这并不意味着它们从一开始就能并存。如果我们坚持两个都要，又想表达自己、实现突破，又想谁都不得罪，势必陷入内心的冲突，让自身的能量纠结、浑浊。有很多词汇可以描绘这种浑浊的状态，比如"彷徨""犹豫""首鼠两端""优柔寡断"等，而用几何图形表示，则是一个橄榄球式的椭圆：

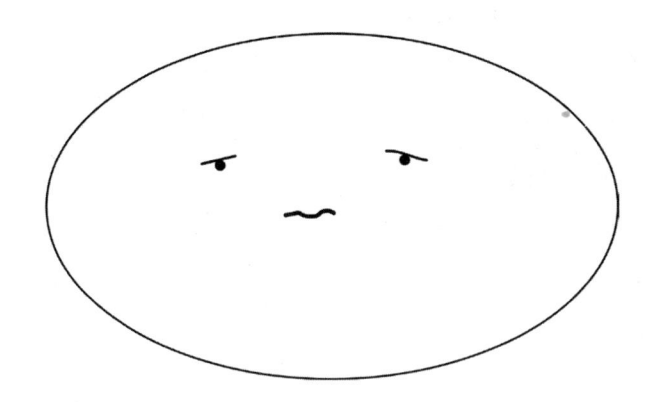

橄榄球式的椭圆，说圆不是标准的圆，但也绝不是三角或方形，卡在一种不尴不尬的状态。而形状上的含混模糊，缘于内心纠结不清，以至于能量浑浊。

我过去与妻子相处时，如果自己做错了什么事，面对妻子的不满，我常挂在嘴边的总是："好了，好了，我错了还不行吗？"虽然我听起来像在认错，但内心其实极度不服，又觉得吵架很麻烦，于是想息事宁人。这时的我，就是一个橄榄球式的椭圆，说是回避，但是话锋里又透露出不满，说是反击，可是又不敢吵起来。很多夫妻或情侣在发生冲突时，都会出现这类情况，嘴上说着"对不起"，但怎么听都带着一股气，完全是为了事情赶紧翻篇而做出的敷衍。这样心口不一的事情，不仅自己别扭，对方也马上能分辨出来，于是更加生气了，反而激化了冲突。

面对攻击时，我们有很多选择，但最糟糕的选择，就是用橄榄球式的椭圆对抗三角。在这方面，《三国演义》中曹爽就是一个教训。曹爽手握兵权，辅佐少帝曹芳，当司马懿趁机发动兵变时，他完全可以请天子与百官移驾许都，再联络拥护自己的力量，调集兵马讨伐司马懿，那样最后鹿死谁手，或许也未可知。

然而，曹爽却无法利落地变成一个三角，他在最该杀伐决断的时候，却躲在大帐内流了一天的眼泪，犹豫着要不要和司马懿硬碰硬。甚至在下属桓范问他是否下定决心时，他干脆把手中宝剑往地下一扔，长叹道："我不想起兵，情愿弃官，当一个富家翁。"一席话生生气哭了桓范，甚至气得骂曹家的三个儿子愚蠢如猪。

曹爽放弃反击，就是在浑浊中把自己的能量变成了一个橄榄球式的椭圆。他放弃的不仅是一次战机，更是曹家安危，乃至整个社稷。后来果不其然，曹爽三兄弟被司马懿斩于市曹，并灭三族。

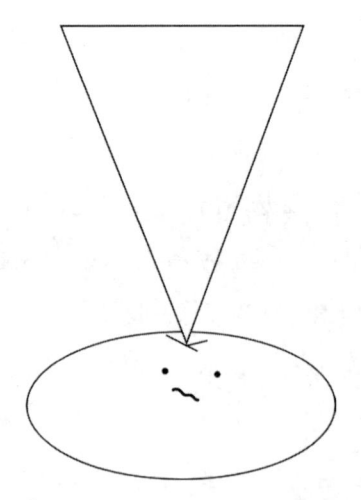

在上面的图中，可以看到，橄榄球式的椭圆，并不是主动

形成的正圆，而是被压迫出的扁圆，它既无法像三角一样去反击，也无法像正圆一样随意滚动，躲过攻击。椭圆就是案板上的肉块，只能任凭他人为刀俎。

关键时刻的浑浊，会造成我们难以承担的代价。我们应该时刻提醒自己：遇事一定要想清楚，不要因为浑浊不清，优柔寡断，错过最佳时机，把一手好牌打得稀烂。

热三角的反击，全是发飙

下面这一幕，是很多家中母女之间经常出现的情景，尤其以春节期间更为频繁——

"你什么时候找男朋友呢？"妈妈问。
"不关您的事！"
"你怎么这样对妈妈说话！"
"您干吗老是找我碴儿？"
"你真是忘恩负义！"

"您真的好烦！"

妈妈的询问——甚至可以说质问，自然有着关心的成分，但同时还带着明显的催促与逼迫，让女儿十分不悦，于是，女儿用三角直接"怼"了回去。

当然，我们未必有个催婚的妈，但我们十有八九和人吵过架，那么，下面这些吵架常见模式，我们一定不会陌生——

"你是个笨蛋！"攻击者。
"你是个白痴！"反击者。
"你是个烂人！"攻击者。
"你妈是破鞋！"反击者。

上面反击者说出的话，句句火药味十足，但怎么看都不像是有目的的反击，而更像是泼妇式的发飙。

上面这两种情况，女儿和反击者虽然变成了三角，但他们全是热三角。这样的三角，往往会火上浇油，让事态越来越糟，双方都不再想解决问题，而是想方设法战胜对方。就像是下面这样：

三角也有冷热之分吗？的确有。所谓热三角，就是指人在

冲动时所采取的攻击行为。"热"有两层含义：第一，头脑发热，火冒三丈，难以冷静下来；第二，不过心，不动脑，失去理智，行为疯狂，不管对象，不计后果。

热三角的发飙，不仅不利于关系，也无法让我们实现突破。热三角常会导致出四个"容易"。

1. 容易被利用

一次，我看到两个人吵架，互相骂了很久都没动手，突然，旁边有个人大声喊道："都被欺负成这样了，还能忍哇！"其实，怂恿人并没针对其中任何一方说话，但最终的结果是，两个原本只是动嘴的人，瞬间动了手，扭打成一团，很快就双双挂彩。

由于轻率鲁莽，遇事不过心，不动脑，所以热三角难以接受理性，却很容易被煽动性的话刺激得血脉偾张，变成别人手中的枪。

2. 容易误判，伤及无辜

《三国演义》中，曹操被董卓追杀，逃到世交吕伯奢家中避难。当晚，曹操听到窗外有人磨刀霍霍，还听见有人低声商议："捆起来杀，如何？"便大惊失色，认定吕家要暗害他，于是先下手为强，连杀吕家八口。等他到了厨房，发现了里面被绑着的猪，才醒悟过来，吕家人原来并非想害他，而是要宰猪款待他，可惜为时已晚。

曹操一直被称为奸雄，是因为他虽然勇猛智慧，却也是个不折不扣的阴谋家，并且一旦疑心病起，下手十分狠辣。曹操之所以如此，是因为他总将内心的阴谋投射到别人身上，并且向自己的投射物发起反击。

可以说，事事认定别人有阴谋的人，多半自己心怀鬼胎。而这种心理还会生出另外三根新芽：焦虑、恐慌和狂躁。以至于把好心当恶意，把朋友当敌人，最终变成一个热三角，轻则防卫过当，重则伤及无辜。

3. 容易拉仇恨

我认识的一个人，曾是一位领导，在位时他性格急躁，经常发火，而且一发起火来就掌握不住分寸，每一次，总会把简单的批评变成人格羞辱，以至于给自己招来很多仇恨。后来，他被人联手举报，进了监狱，有人说他是被设计陷害，但也有人说，是他自己多年跋扈，得罪人太多，以至于没人愿意帮他证明清白。总之，他的性格确实是祸患的重要起因。

我们不逃避冲突，但是在与人交往时，也不要轻易拉仇恨，尤其是那种深刻的仇恨。或许，事发当时我们觉得做一个热三角很解气、很过瘾，但是热三角很容易将对方也变成热三角，一旦对方被彻底激怒，将报复我们作为终身事业，那么我们便不得安生，最终后悔莫及。

4. 容易变得下流、阴险

当嫉妒的火焰在胸中燃烧时，也会让人变成一个热三角。

比如有一些人容不得别人比自己好，无论是对方的工资更高，房子更大，还是妻子更美，都能引爆内心的嫉妒，然后不遗余力也要把别人踩在脚下，才肯善罢甘休。

陀思妥耶夫斯基在小说《白痴》中描写了一个患了肺病的老师，他向学生的点心吐口水，还把面包捏成碎渣。这些报复行为的内核，就是嫉妒，他嫉妒别人的健康，于是，便一定要把自己的不幸转嫁到别人身上。

这种卑劣心理，并非世间罕见。事实上，人在陷入逆境或遭遇麻烦时，最考验人性。有的人懂得"己所不欲，勿施于人"，自己受过的苦，不忍心别人也受，而有的人则觉得普天下不能只有自己这么倒霉，必须拉上几个人垫背，才能心理平衡。这种下流阴险的攻击，不仅是热三角，还是毒三角。

最好的反击，是冷三角

纳粹集中营幸存者、著名心理学家维克多·弗兰克尔曾说：

"在刺激与反应之间，有一片空间。在那片空间里，我们有能力选择自己的反应。在选择反应的过程中，我们获得了成长与自由。"

热三角的发飙，往往就是因为没看到在刺激与反应之间，还"有一片空间"可以停留，而这片空间的名字，叫"冷静"。想进入这个空间，可以用时间换取空间，也就是留下足够的思考时间，避免冲动性的反应。股市中的熔断机制，其实就符合这一心理原理，当股票在恐慌中断崖式下跌，或在亢奋中暴涨达到某个点位时，都会自动停盘，暂时中断交易，让人冷静思考一下，然后再做出选择。

如果说热三角是"膝跳反应"般的情绪风暴，那么冷三角就是指经过冷静思考后所做出的反击。冷三角不是冲动的反应，而是选择后的决策；不是情绪的狂飙，而是理智的镇静；不是惊慌失措，而是从容不迫；不是莽撞盲目，而是有计划有目标。所以，最好的反击，是冷三角。冷三角有如下几个特征：

1. 绝不反击弱势之人

人不能失去对不平的愤怒，但也不能失去对弱者的同情，弱势之人，不应该成为反击的对象。

当然，这并不代表弱势之人就一定是对的，谁都会犯错，但弱势之人在面对我们的反击时，往往更容易展开非理性的思考。中国有一句俗语，叫"光脚的不怕穿鞋的"，便是这个道理。一个人的生活一旦所剩无几时，我们若再对他进行反击，他就会有一种被逼入绝境的暴怒，这会让他失去理智，铤而走险。

这个原则同样适用于亲密关系中，比如亲子关系。父母和孩子之间，孩子通常是弱势的一方，因此，当孩子惹父母生气时，父母应该做个冷三角，仔细观察并思考孩子为什么会如此。在这种选择性的反应中，父母不仅能进入孩子的心，也能敞开自己的心，加强彼此的沟通和了解，有效解决冲突。反之，如果父母大喊大叫，用严苛的手段去惩罚孩子，会瞬间激发出孩子的叛逆，让他们更加不想与父母对话，甚至做出更极端的反应。

2. 选择最佳的反击时机和地点

与热三角不分时间、地点和场合的发飙相比,冷三角的反击会审时度势,选择最佳的反击地点,不会将自己和无辜之人置于险境,例如,冷三角不会做出怒抢方向盘这样冲动而违法的事。

同时,冷三角还会选择有利时机,等到集齐了天时地利后,便一举反击,让自己的获益更多。

3. 专注

一次,丘吉尔正在如厕,国务大臣打来电话,丘吉尔便对手下说:"你对他说,我一次只能对付一坨屎。"这话听起来狠毒,但实际上很有道理,人的确不能分散精力,同时处理两件麻烦事。

冷三角会全神贯注,让自己变成一股径直向前的能量,沉稳、强大、坚定地把自己的尖角对准问题本身,不节外生枝,徒增烦恼。

4. 就事论事,不质疑动机

夫妻争论时,女方常会冒出一句灵魂拷问:"你是不是不爱我了？"

　　这句话一出口，问题的性质就瞬间发生了变化。此刻，女方已经不是在辩论问题本身了，而是在质疑对方的动机，这难免不对男人上纲上线，无理取闹。于是，哪怕是最简单的讨论，也会因为这句话切换到吵架模式——只有情绪，不讲逻辑，变成了热三角。

　　与之相比，冷三角的争论就是争论，严格遵循罗伯特议事规则第10条：

**　　不得进行人身攻击，不质疑他人动机、习惯或偏好，辩论就事论事，以当前待解决问题为限。**

　　吵架与争论的区别在于，前者将矛头直接对准对方这个人，最终演变成一种人身攻击。比如妻子与丈夫发生争执时，总是说"你怎么跟你妈一个德行"或者"你们家里的人为什么都这样"，这样的话难免引发一场大战。而争论则是对事不对人，始终把注意力集中在事情本身，这有利于弄清楚问题的来龙去脉，找到分歧的原因，并解决冲突。

　　无论我们在现实中，还是网络上，争论都是常见的，有时甚至是必要的。但是，一定不要将对事情的探讨，变成质疑对方的动机和人品，甚至辱骂对方的家人。热三角如同"搅屎棍"，会让人际关系糟糕透顶，而冷三角则是"清道夫"，能疏通人们之间的误解与隔阂，达成共识，或求同存异。

总之，当我们妄自质疑别人的动机，很容易让自己的动机变得不纯，正所谓"君子和而不同"，冷三角会平和地处理分歧，不上升，不扩大。而一旦我们用热三角攻击对方，妄图用质疑和羞辱来说服对方时，我们便已经失去了争论的初衷，而是在满足自己已近病态的控制欲和求胜心。

5. 最好的"胜利"，是人人都赢

热三角为了发泄情绪，常会攻击对方忌讳的地方，比如揭隐私、翻旧账、侮辱人格，这样必然把对方伤得太深，无法释怀与谅解。相比起来，冷三角的反击，并不是为了打败对方，而是为了表明观点，或实现自我和关系的突破。所以，尽管冷三角坚定有力，但力道恰到好处，不会防卫过当，也不会被人左右了方向。

就让我们从下面这个故事中，看一看冷三角是如何用自己的冷静与冷峻，有效反击几近失控的热三角。

妻子："你总是忘记我交代的事，还记得上次吗，我让你买蛋糕，我说了足足三次，你还是忘个精光。今天，你又忘了买牛奶，你脑子里整天想的都是什么？你根本就没把我的话放在心上，没把这个家放在心上！要你有什么用？"

此刻的妻子，是个不折不扣的热三角。她生气的起因是丈夫忘了买牛奶，但是，她话中 80% 的内容，都和买牛奶无关，而是用翻旧账、指责丈夫不负责任、不关心家庭，甚至，开始

对丈夫作为家庭成员的意义进行打击，认为丈夫"无用"。可以想象，如果这个话题继续下去，势必变成一场对于丈夫的全面讨伐。

面对这样的指责，丈夫自然是生气的，但是，他没有选择变成另一个热三角与妻子争执，他知道，那样做的结果只能是互相揭短，两败俱伤。然而，丈夫也不愿意沉默地听着，忍受与他所犯错误不对等的打击，所以，他变成了一个冷三角。

丈夫："我确实忘了买牛奶，但是，忘买牛奶并不是犯了罪，你的话让我真的很难受。"

丈夫在不攻击妻子的前提下，表明了自己的态度，也说出了自己的感受。他的话，确实给妻子降了温，她没再继续扩大攻击范围，但依然余怒未消："你难受，难道我就不难受吗？这根本就不是忘记买牛奶的问题，是你根本就不重视我。"

丈夫继续保持着冷三角的形态："我重视你，并不只表现在这些事上。如果我像你说的那么差劲，相信你也不会和我生活这么多年，贬低我，能给你带来什么好处呢？"

丈夫的话，向妻子传达出了下列几个信号：①我重视你；②你对我的恶评并不符合实际；③打击自己的丈夫，实际是在质疑自己的眼光。

妻子没有吭声，而这时，丈夫给出了作为冷三角的最后一击："现在，如果你急着用牛奶，我就出门去买，如果你不着急，我就上楼了。"

丈夫说完，双眼看着妻子，但无论妻子做出哪种决定，她肯定已经意识到了一点：丈夫并不会忍气吞声任自己数落，继续对丈夫恶语相向的话，对自己没有半点好处。

在这场冲突中，尽管热三角差点就引发了一场战争，但冷三角没有被带跑了节奏，陷入语言的混战，他将自己的尖角只对准事，而非人，这样，确保了自己不会伤害到对方；同时，冷三角保持冷静，抓住重点，充分表达了自己的观点和感受，无形中给对方画出了一个"可说"与"不可说"的范围，既遏制住对方发飙，自己也没吃亏。所以说，冷三角的反击，是让冲突的双方都感觉到"赢"——对于这对夫妻来说，丈夫成功维护了自己的尊严，而妻子也明白了丈夫并非不重视自己。

除了面对日常中的矛盾，在面临重大的抉择时，冷三角依然可以做到明确表达意愿，并让自己实现突破，让关系得到试炼。

比如，很多人在面临求学、创业、择偶这样的大事上，常会遇到旁人的阻挠，这时候，如果他们能呈现出冷三角的状态，则不失为一种有效的突围方式。我的一位朋友现在事业有成，然而，当年在辞职创业时，他遭到了几乎所有人的反对。父母天天打电话劝他不要放弃铁饭碗，妻子觉得他不切实际，和他冷战，身边的大部分朋友也都认为他太疯狂了，以后一定会后悔。然而那时的他，就像完全没有听到那些话一样，依然我行我素，正所谓"思心一至，不闻雷霆"，就是他当时的状态。

但也正是这种冷静、冷峻甚至带着点冷酷与冷漠，让他突破了自己。而那些曾经被拉扯过的关系中，父母和妻子后来慢慢接受了他的决定，亲情与爱情两根支柱重新变得稳固起来；至于朋友，创业恰好成了他筛选朋友的一个契机，他割断了那些对他冷嘲热讽的关系，留下那些给予他尊重与理解的，并因为事业的关系结识了更多志同道合的人，他的友谊支柱更胜从前；而更重要的是，他的事业支柱茁壮有力，牢牢支撑起了他人生的一角。这样的结果，也可以说是实现了多赢。

如果给那些有所成就的人做个总结，会发现，他们都曾呈现过冷三角的状态，经历过"一意孤行"的阶段，然而他们专注自己的内心，在冲突中得以成功突围，并且也让自己的关系都得到了拓展。正如冰心在《繁星·春水》中说的那样："冷静的心，在任何环境里，都能建立了更深微的世界。"

第4章

回避：当圆遇见三角

圆的意义

　　与人交往时，最舒服的状态是圆遇见圆。

　　知名礼仪与公共关系专家金正昆教授，是我读研究生时的同学，毕业后我们有 30 多年没有联系。一次我从成都回北京，下飞机时，一眼就看见了他，因为他总在电视上露面，所以我很确定。我想去打招呼，心里又有点忐忑，这么多年没见，他还能认出我吗？隔着过道，我轻声叫了下："金教授。"他看到我，立刻就笑了："哎呀，是老涂！"那一刻，他的脸笑成了一个圆，我也很开心，脸也笑成了一个圆。

　　在机场分别时，他笑着和我挥手："老涂，问你夫人好！"这问候令我倍感温暖。那天下午，我与他的偶遇就是圆遇见圆，双方都非常舒服。

　　人们之间的招呼、问候和告别，都是一种礼仪，而礼仪之所以重要，就在于可以帮我们建立一种圆与圆的关系。在与人交往时，该怎样称呼对方，怎样握手，在什么场合说什么话,还有诸如"点头礼""举手礼""脱帽礼""拱手礼""注目礼""合十礼"等,都能够让人与人的关系变得圆润、融洽。正因如此,礼仪才成为一门学问。

礼仪有助于我们保持圆形,让别人感到舒服,但还有一个更大的作用,那就是让我们回避三角的攻击。

第一次到纽约时,我发现纽约人很有礼貌。比如我无意中挡了别人的道,明明是我该说"对不起",但对方却总会先道歉。这里面固然有素质原因,但还有一层因素,那就是出于自我保护。美国是一个枪支泛滥的国家,很多人身上都带着枪,如果与别人随便发生冲突,任性妄为,对方被激怒后没准就会掏枪。而如果客客气气,脸上带笑,尊重别人,以圆的样子去应对,就可以避免很多麻烦。

当然,纽约也并非人人都友好。我回到北京后,女儿在微信中告诉我,她有两次在街上好好走着,突然听见后面有人骂她:"大屁股,走开。"她恨那些骂她的人,问我遇到这类情况该怎么办。这个问题让我想了足足一整天,然后,我给她发了下面这段文字:

女儿,当你讨厌一个人或恨一个人时,最好的方法就是与这个人保持安全距离;而保持距离,最重要的手段是保持礼貌,让自己成为一个圆。因为客客气气本身可以筑起一道圆形的墙,避免接触和碰撞,这样一来,既可以防止激怒对方,关键是还可以保护自己。

礼貌是最好的防身术，中国有句谚语，叫"伸手不打笑脸人"。

所以，越是讨厌一个人，越是要用礼貌来保持距离，做一个笑脸人。爸爸不是在教你虚伪，是让你更好地了解人性。

为什么成为一个圆，会让我们容易避开攻击？我们都见过太极拳，其中就蕴含了以圆应对冲突的智慧。仔细拆解太极拳中的防守动作，会发现自起手到终结，其实都是在画圆圈，但正是这些圆圈，却可以帮我们避开锋芒，抵挡住对方的凌厉招式。而对方在面对一个圆时，则会难以找到下手之处，攻无可攻。

以圆形应对冲突，并不意味着"怂"，而恰恰是一种以退为进。倘若与我们发生冲突的对象是明理的，当我们变成圆形躲避时，他们或许也会慢慢恢复理智，考虑自己的攻击是否欠妥。这方面的一个典型例子，就是"负荆请罪"。廉颇因不满蔺相如官位高于自己，放出"我见相如，必辱之"的狠话，蔺相如知道后不仅称病不去上朝，避免和廉颇碰面，就连在街上遇到廉颇，也会让人驾车远远躲开。正因为这一连串看似很"怂"的躲避，却让廉颇有机会了解到自己"以先国家之急而后私仇也"的苦心，从而留下了"将相和"的千古佳话。

而如果，与我们发生冲突的对象并不明理，也就是我们常说的"垃圾人"，我们变成圆形，则更能让自己及时避险，获得安全。正所谓"君子不立危墙之下"，生活中的很多不幸，都是一味斗气、较劲而引发的悲剧。在很多时刻,礼貌的躲避未必会给我们带来收益,却能避免坏事发生。

但从另一个角度说,能在冲突中全身而退,这又何尝不是一种更大的收益。

面对隐蔽的三角,圆是最好的还击

有一种情况我们必须注意,那就是:并非所有三角,都是可以一眼识别的,对于那些隐藏的三角,我们更要小心提防,因为对方往往不怀好意。

我读研究生时结识了一位好友,他在报社工作,后来还热心地把我介绍到了那里。这样我们不仅是朋友,还成了同事,关系更加紧密了。

一次,我写的一篇报道被很多媒体转载了,而责任编辑正好是我朋友。我当时颇为得意,头脑也不禁有些发热。这时,另一个同事找到我,他拿着刊登我文章的那张报纸,把我拉到一边说:"你的报道写得真好,但责任编辑却把版面处理得很不显眼。他这是在嫉妒你,故意压制你。"我一看,那篇文章的确没有放在头条，于是真的有点生朋友的气。后来，这个人又跑去我朋友那里挑拨："你真应该听听涂道坤在背后都说了你什么，他说你嫉妒他、压制他，我都听不下去了。你帮他进入报社，他却这样对你，真是忘恩负义。"我当时初入社会，缺少经验，在他三番五次的挑拨下，我与朋友渐渐疏远了。虽然，后来我意识到了这位同事居心叵测，也曾想努力挽回与朋友的关系，但裂痕一旦产生，就很难回到从前了。

这段经历给了我一个惨痛的教训：来说是非者，必是是非人。

随时随地，我们都有可能遇到这样的是非之人，他们笑容可掬，看不出任何攻击性，有时甚至会摆出为我们着想的样子，告诉我们一些所谓秘密。而刚一转身，他们就同样散播起我们的坏话，用我们难以察觉的方式发起攻击。我们如果不提高警惕，就会被这样的隐形攻击者暗算，每每遭到伤害，却还不知道是什么原因。

这类人就是大家口中的"蔫坏"，而在人际关系几何学中，他们属于隐蔽的三角。俗话说"明枪易躲，暗箭难防"，如何才能辨别出这类三角呢？

最明显的一个特征就是：**挑拨离间**。这是隐蔽的三角最常用的攻击手段，也是我们识别出他们的最简便方法。

一天，女儿告诉我，班上有个同学说她坏话。

"你是怎么知道的？"我立刻警觉起来。

"一个朋友告诉我的。"女儿回答。

直觉告诉我，女儿那位看似好心的"朋友"有问题。于是，我给女儿讲了自己在报社时的那段经历，以及难以弥补的遗憾，并嘱咐她留心那位"朋友"。果不其然，几天后女儿告诉我："老爸，你说得真对，我听见那个女生又在挑拨其他同学的关系。"

一旦有人在我们面前挑拨离间，我们就要马上拉响警报，告诉自己，自己遭遇了隐蔽的三角。对于对方说出的话，我们不用放在心上，因为编造谎言、背后捅刀是他们惯用的伎俩。而对于对方这个人，我们则要像圆一样躲避开，这样一来，我们既能少一些授人以柄的机会，也可以免于被其流言蛊惑，成为被利用的工具。

攻击的三角与滚动的圆

说完了提防"暗箭"，我们再来聊聊如何解决"明枪"。

大部分的攻击，其实是很好识别的，比如上司的责问，妻子的咆哮，孩子的顶撞，还有因为被我们不小心踩了脚而发出咒骂的路人，这些行为都带有着明显的攻击性。而面对这些攻击，有时，最好的选择就是回避。

如果用几何图形表示回避，便是让自己的能量形状呈现出一个圆，迅速滚动，从而闪开攻击——"狭路相逢宜回身，往来都是暂时人"。

与其他几何图形相比，圆的特点是容易滚动。当一个人的能量形状呈现出正圆时，可以顺势朝任何方向滚动，轻松回避攻击。

用圆回避三角的攻击，分为四个步骤：发现攻击，巧妙闪开，顺势滚动，成功摆脱。

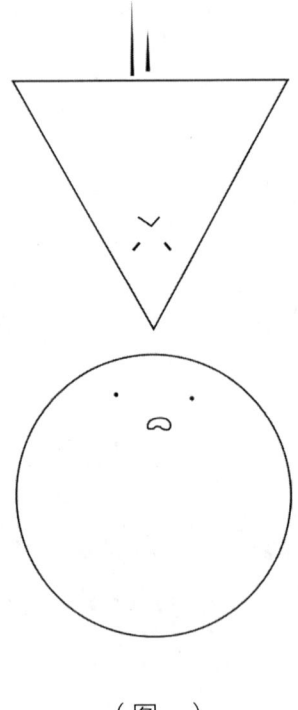

（图一）

图一，发现攻击。当有人向你发起攻击时，要保持圆形，沉着冷静，看清对方的攻击点，攻击者越是把全部力量集中于一个点上，你越容易掌控局面。很多人不愿意直视攻击，会在第一时间选择逃跑，逃跑不同于躲避，逃跑是一种漫无目的的闪躲，你越是逃，对方就越会穷追不舍，并且更容易从你的后面和侧面刺入。所以，直视攻击者看似危险，实际上会让你看清对方的意图，反而给你带来安全。

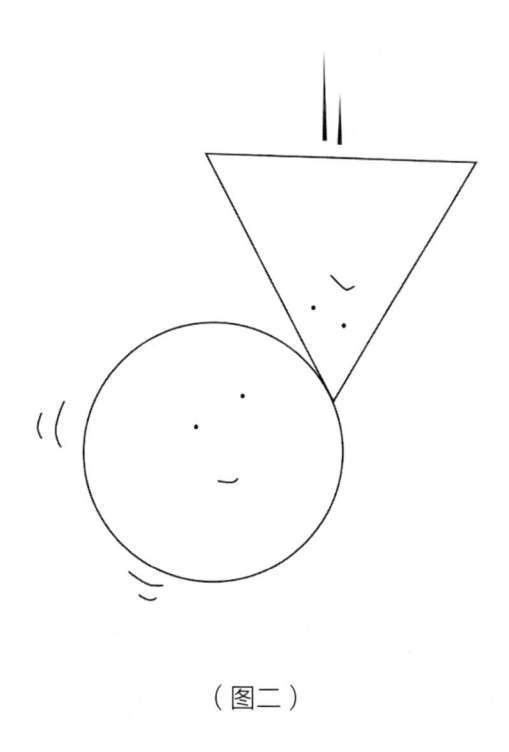

（图二）

图二，巧妙闪开。当你看清对方的意图，以及进攻的方向后，便可以决定自己的行动了。当攻击者使出全身力气攻击你

时，由于他的能量形状是一个三角，不具备圆的灵活性，不容易转身或调整方向，所以，他离你越近，就越没有回旋的余地。而你则是一个圆，只需轻轻滚动，就可以避其锋芒。这里所说的巧妙，则是指抓住最佳时机，没有过早地暴露自己的计划，也没有行动过晚而导致自己受伤。

（图三）

图三，顺势滚动。当三角全力以赴攻击你时，会不顾一切猛扑过来，这种猛扑是具有惯性的。当你转身躲开他，他会刹不住车继续前冲，而这时的你，却可以趁着对方扑空之际，抵达安全的地方。

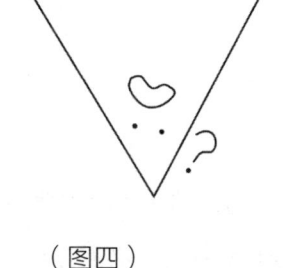

（图四）

图四，成功摆脱。完成前面三个步骤后，圆便成功摆脱了攻击，之后，圆可以再朝相反的方向滚动，回到自己原来的位置。

从上面四张几何图形可以看出，一个气势汹汹的三角看似吓人，实际上，却并不是最危险的。对方越是凶狠，行动模式越是受限，对付起来越易如反掌。反之，如果攻击者慢慢逼向你，他便有了根据你行动再做攻击的可能，你的处境才是真的危险，所以，攻击越是来势凶猛，实则越好对付。当攻击者将所有的力量、意志以及注意力都聚集在锐利的尖角上，他与你的接触面，也就只有尖角的那一点面积，而你作为一个拥有360°的圆形，比对方有更充分的空间可供腾挪旋转，只要你避开了对方的尖角，就获得了安全。

远离狼牙棒一样的"烂人"

"自我"想要向外伸展，就需要与人建立关系，在建立关系的过程中，摩擦和冲突是必然存在的。有摩擦和冲突其实是件好事，因为关系都是在摩擦中建立，在冲突中深入的。但有一种人，我们却必须回避，万万不能与之建立关系。

这种人俗称"烂人"，他们由内到外浑身长满三角，不分对象、不问理由地攻击别人，就像是一支疯癫的狼牙棒。烂人普遍有两个特点——

1. 支撑他生活的六根支柱大部分都坍塌了。但仅仅如此，还不能称之为烂人，比如我师弟的支柱虽然几乎也都残败了，但他没有坑害别人，而是选择了默默从世上消失。因此，一个"烂人"除去失掉了大部分支柱外，还需要另一个条件——

2. 烂人最根本的特点，是良心的溃烂。烂人往往具有反社会人格，会恶意攻击别人，甚至无差别地伤害无辜之人，由此报复社会。

社会新闻里，隔三差五就会有这样的"烂人"出现。比如那个手持尖刀杀害医生的家属，那个用锤子猛砸学生脑袋的员工，那个利用顺风车奸杀空姐的男子，还有那些将口水吐在电梯按钮上的人，那些因为求爱被拒就杀死对方的人……每一桩让人愤慨的恶性事件后，都站着一个良心正流淌脓水的烂人。

面对烂人应该怎么办？

首先我们需要知道，烂人都有着一套顽固且变态的思维模式，所以，不要试图与烂人讲理，他们不仅不会反省或思考，反而会因此陷入狂怒；其次，烂人因为生活没有了支撑，所以无所顾忌，什么事都做得出来；此外，烂人实际上是软弱的，他们并不敢去报复那些欺负自己的人，而是会把满腔的怨恨发泄到无辜者，尤其是弱小的人身上。

所以，面对狼牙棒一样的烂人，我们要遵循四个字：躲为上策。

我曾看过一段新闻采访，记者问一位急诊科医生是否遭遇过"医闹"，对方的回答让我很震惊。医生说，在她所在的急诊科里，除了一位医生外，其他医护人员都被打过。有的被打破了手，有的被打折了骨头，有的面部、胸背部多处受伤，还有的被刀捅得鲜血直流。而唯一幸免的那位医生，也并非是运气好，而是因为格外小心，他在出诊时永远穿一条运动裤，并且时刻把窗户打开，窗户下还会放一条凳子，每次只要见势不妙，他就立刻跳窗逃走。

医生被逼成了跑酷高手，这场景带着一点滑稽，很多可悲，还有数不清的无奈。但如果从人际关系几何学的角度去看，这位医生的做法也印证了一个道理：在面对狼牙棒一样的烂人时，把自己变成一个圆及时开溜，是最好的应对方式，正如我们常说的"惹不起，躲得起"。

一次，我与一位神经科大夫聊天时，他就坦言道："有的病人，我是不会医治的。"

"哪些病人？"我好奇地问。

"那些认知扭曲，同时攻击性又很强的人。"

"那你怎么对他们说呢？"

"我会客客气气说，我的医术不行，你们还是去找更专业的医院和医生吧，然后将他们支走。"

神经科虽然属于内科，实际上每天打交道的很多病人，都存在心理问题，因此，这位医生很能辨别哪些人是反社会人格，有着纠缠、攻击他的隐患。而他在对方挥舞狼牙棒前，率先变成一个圆，远远躲开，不与之发生交集。这其实是种很智慧的做法，医生只有先保住自己的命，才有机会救更多人的命。

很多人都看过电影《放牛班的春天》，失意音乐家马修来到一所名为"池塘之底"的寄宿学校，面对一群早已被人们放弃的问题儿童，给予了他们尊重、信任与爱，并通过组建合唱团，让每个孩子都感受到了自己存在的价值。

然而，即使是马修这样善良的人，也有人会举起狼牙棒攻击他。一个叫作蒙丹的男孩被送来了"池塘之底"，他如同恶魔一样，两眼总是透出凶光，他辱骂马修是"臭婊子"，并且攻击身边的每个同学，最后，还一把火烧掉了学校。马修改变了那么多孩子的人生轨迹，却唯独感化不了蒙丹，是因为马修无能吗？自然不是，而是因为对于狼牙棒一样的蒙丹而言，内心已经没有缝隙可以容纳阳光，他浑身长满尖角，视任何人都是仇人。就像下图这样：

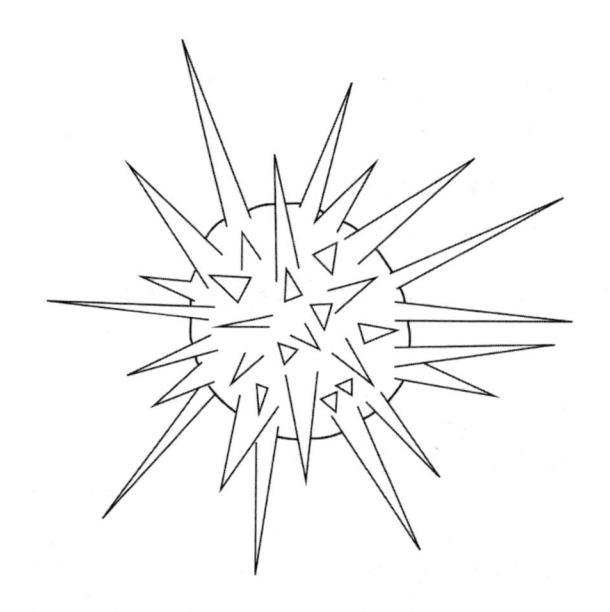

现实生活中，我们也有可能遇到这样的烂人。请记住，与烂人的冲突并不会试炼关系，也不会拓展自己，反而会给我们招来祸患，因此，我们不要与之产生过多交往，更不要用三角反击，最好的方法，就是变成圆形，想方设法回避。诚如巴菲特所说的："现在避免麻烦，比将来摆脱麻烦容易得多。"

有些情况下，我们需要"编故事"来变圆

我们之前说过，要对人真诚，讲出真话，不能顾左右而言他。然而，那是一种限定在正常人际关系中且正常情况下的规则，在一些特殊情况下，我们反而需要编一个故事来变成圆形，以避开攻击和险境。

下面，我们就罗列出这些特殊情况，以及我们可以采取的方法：

1. 对待烂人，可以撒谎

歹徒企图非礼一名女子，女子看着对方魁梧的身形，知道强行反抗不但没用，反而可能给自己招来更大的伤害，于是，她语气冷静地说："我得了艾滋病，你要是不怕就来吧。"结果歹徒大惊失色，赶忙逃走了。女子用一个谎话，为自己换来了安全。

当我们面对心怀恶意的烂人时，属于非正常的人际关系，因此我们不必实话实说，反而可以通过编故事转移和改变其攻击方向。当然，这种情景下的谎言也不能全无边际，必须是听起来确实可能、但又无法立刻验证的。比如女子说自己得了艾滋病，这并非全无可能，从理论上说任何人都有可能得艾滋病，但歹徒又不可能现场检验女子说的是不是假话，于是只能离开。之前那位神经科医生说自己治不了对方的病，也是这个道理。

2. 拯救关系时，要学会打岔

一个小孩子摇摇晃晃地爬上餐桌，想要去够上面的糖果。孩子眼中只有糖罐子，而在妈妈眼中，这个场景则充满了危险信号：孩子左边是一个名贵的花瓶，价值不菲；孩子右边则放着一把餐刀，刀尖锋利。

妈妈知道，此刻如果自己严厉地呵斥孩子，孩子很可能在哭闹中蹭翻花瓶，或被刀尖划伤。于是她故意用轻快的语气对孩子说："宝贝快看，窗外有一只小鸟，多漂亮啊！"然后，趁着孩子看向窗外的工夫，妈妈迅速挪开了花瓶，拿走了餐刀。

这样的情况，同样属于一时急智。母亲与孩子是正常的人际关系，但这样的场景，却属于非正常的场景。其实，人际关系也常面临着这样急需拯救的时刻，比如夫妻吵架时，当一方触及一个敏感话题，另一方如果不想就此开战，常会用别的事情将话题岔开，避免冲突加剧。

面对烂人时，我们说谎是为了和对方越远越好，面对亲密关系时，我们打岔则常是为了和对方越来越近。

3. 斩断关系时，也需要讲故事

我认识一对夫妻，每天争吵不断，女方脾气很暴躁，经常攻击男方。男方开始还想努力挽救婚姻，最后感觉实在身心俱疲，便借口自己"性无能"，提出了离婚。女方虽然半信半疑，但大概也是厌倦了整日争吵，便顺势答应了离婚。

这位丈夫编了个故事，让婚姻得以顺理成章地结束，而妻子选择接受这个故事，代表她也默许了斩断这段关系。两个人无论是夫妻关系、朋友关系还是工作关系，如果感到自我被压抑，得不到伸展，不一定偏要死扛到底，或一味地硬碰硬，我们可以选择暂时性的回避，例如独处一段时间，或者休假、旅行等。当然，如果依然感到痛苦，也可以选择永久性的回避，例如离婚、离职等。只是，有时为了能达到永远回避的目的，我们仍需编个故事，这个故事就像是一个斜坡或一节台阶，有了它，我们便能更顺畅地滚动，离开现有的地方。

总的来说，无论是为了远离烂人而说的谎话，还是为了拯救关系而打的岔，或者是为了斩断关系而编的故事，所有这些情节，都需要我们牢记三个要点：

①要把故事编圆，让人相信。

②要吸引人，能充分转移攻击者的注意力，故事越生动，效果越理想。

③要意图明确，不拖泥带水。只有态度坚决，自己的能量形状才会是一个滚动的正圆，如果犹豫不决或心有不甘，自己就会变成橄榄球式的椭圆，给出的信号也会含糊不清，导致对方继续纠缠，让自己深陷麻烦之中。

人性的特征之一，是容易相信自己希望相信的事情，所以，所编的故事只要满足了攻击者内心的需求，或击中了要害，对方就会产生迟疑，暂时放下攻击。而这个过程哪怕只有几秒钟，也足以让我们趁机进入安全的空间，避开锐利的三角。

什么都不做，有时可能是最好的选择

女儿上高中时，一天回家后，给我讲了一件事。

女儿班上有个台湾女孩，人很风趣，性格也很开朗。那天，台湾女孩与女儿一起走在路上，一个男生突然拦住她们，对台湾女孩神秘地说："我想告诉你个秘密。"

"什么秘密？"女孩问。

"你长得很丑。"男孩说。

说完这句话，男孩摆出一副恶作剧的表情，期待地看着台湾女孩，他大概希望对方能生气、恼羞成怒，甚至哭出来。一旁的女儿也感到气氛有些紧张，不知道女孩会做出什么回应，更不知道两个人会不会吵起来。

谁知，台湾女孩轻松地回答："嗨，我还以为是什么秘密呢，原来是这个，我早就知道了。"

说完，她与女儿扬长而去，只剩下男孩一脸发懵地站在原地，好像一座雕塑。

有时候，不理不睬，也是用圆化解攻击的一种方法。尤其是针对那些无理取闹、想激怒你的人，你什么都不做，也许才是最佳选择，这样对方纵使有种种招数，也只能打在棉花上，无法施展。

在生活中，我们总会遇到一些莫名其妙的攻击，比如开车慢了一点，被后面的司机疯狂鸣笛，甚至追上来辱骂；比如好心帮助别人，却被人反咬一口……这些歹毒的攻击，就如同出门踩到了烂泥巴，我们与其浪费时间为踩到烂泥巴而生气，不如将鞋底擦得干干净净，然后继续走自己的路。

第5章

谈判：正方形与三角的对决

正方形精神

遇到攻击，除了像三角一样反击和像圆一样回避之外，还有另外一种应对方法——谈判。在人际关系几何学中，谈判表现为一个正方形。

正方形端端正正，形状稳定，它的优势在于坚固，弱点是不如三角那么凌厉，也不像圆那么灵活，便于滚动。

重庆人会用"方脑壳"来形容那些木讷、认死理的人，而四川人说"你脑壳是方的"，也是指一个人不够机灵。其实，这些说法只是看见了正方形的一个特点：牢固。但即使是这个特点，也并非全是错的——坚持己见、不随大流，同时也意味着稳重、踏实、值得信赖和依托。

必须说明的是，人际关系几何学中，正方形与椭圆是截然不同的。

椭圆是没有态度的，它没有立场，也没有决断，很容易被三角击溃，但正方形却有着一个坚固的内核，所以它可以承受三角形的攻击：

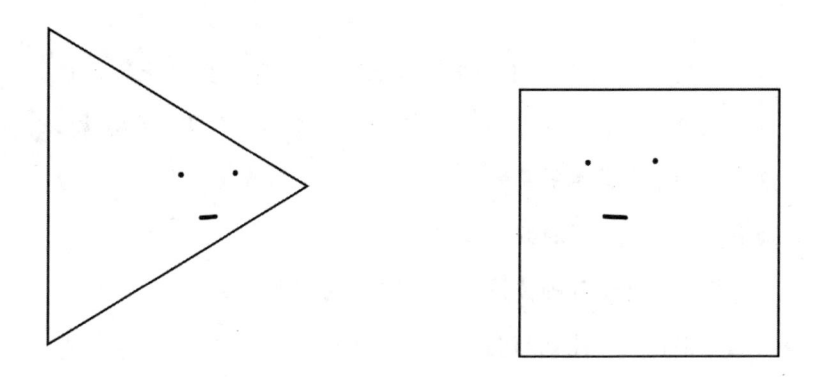

并且，坚固仅仅是正方形的特点之一。它还有一个特点，那就是正方形只要稍微一转身，就可以变成两个锐利的三角，一前一后，能够对三角进行有力的反击。如图所示：

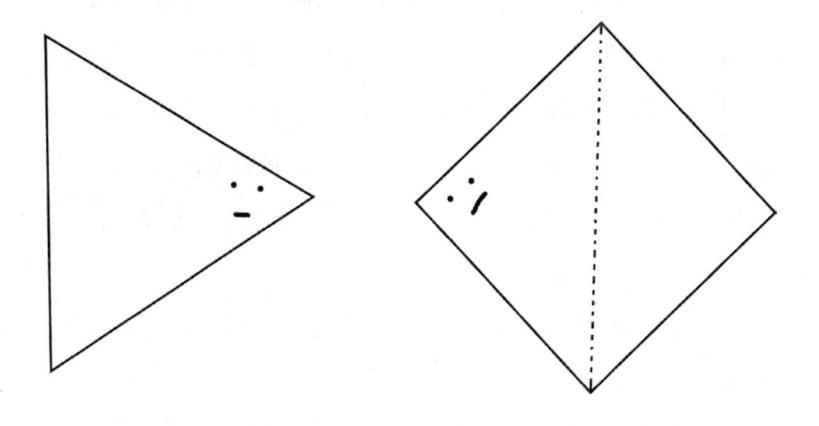

谈判不是软弱的表现，而是实力的展现。在生活中，敢于谈判的人，都是有底气的人，他们的底气来自于自己的实

力，所以他们能自信地去探讨、去判断，通过非暴力的方式解决问题。

谈判需要公平，而公平就是方正、不偏不倚、正派、正直。在英文中，表示"方形"的 square 也有"公平"的意思，这恰恰切中了谈判的精髓——能够以协商的方式，为冲突双方提供一个公平合理的解决方案。

我们在处理各种关系时，随时随地都需要谈判。有些谈判看起来很正式，比如与客户就分歧展开协商，商业竞争中的仲裁，以及危险时刻派出的谈判专家；有些谈判，则十分随意日常，比如妻子和丈夫一起分配家务，商量谁做饭、谁刷碗，或者与朋友一道旅行时，你想乘飞机，他想坐高铁，你们讨论到底应该怎样出行。

如果没有谈判，我们只习惯于用回避的方式面对攻击，很容易成为逃兵；同样，如果只用反击的方式去对抗，也容易两败俱伤。谈判不是回避，也不是反击，却能化解冲突，实现双赢。人类文明的发展史，其实也是一部谈判的完善史，我们在谈判中实现了融合互通，而完善的谈判，需要具备如下特点：

1.要具备实力，没有实力作为后盾，那不叫谈判，叫纳降。

2.要摸清底细，搞清原委，了解对方的想法和诉求，尽量做到公平公正。

3.要适当做出让步，谈判是让步的艺术，在此过程中达成最终的和解。

4.在任何时候，处理任何关系，都不要轻易关闭谈判的大门。

接下来，我们就将具体讨论谈判的三个步骤，看看如何才能完成一场谈判。这三个步骤分别是：坐上同一条板凳，穿上对方的鞋子走路，找到另外的可能。

第一步：坐上同一条板凳

一次，著名心理学大师艾瑞克森去治疗一个精神分裂症患者。艾瑞克森一进病房，就看到那位病人正往窗户上钉钉子，病人紧张地说，有人在追杀自己，只有这样才能防止坏人进入。艾瑞克森知道，这类患者大多有被迫害的妄想，但他不但没有阻止对方，反而加入了对方的行列。他抄起一把锤子，也"叮叮咣咣"地一起钉上了钉子，甚至比病人钉得还要认真。钉完窗户之后，艾瑞克森还不罢休，建议病人把地板上的缝隙也钉严实，这样追杀者就完全没有机会进入了，病人很高兴地答应了。等两个人忙活完地板，艾瑞克森又有了新点子，他建议病人去帮助医院里的医生护士，大家一起加强防范工作，病人想都没想就同意了。就这样，病人心中的安全范围不断扩大着，从自己的病房，延伸到了整个医院，而在此过程中，他也逐渐摆脱了恐惧，走出了那间封闭的小屋，也走出了与世隔绝的孤独。

在这个故事中，艾瑞克森明知对方的想法、感受和行为都是基于一种妄想，与事实严重不符，但他依然认同了对方的感受，并与对方坐上了同一条板凳，共同行动。这正是大师智慧的表现，首先，他因此获得了对方的信任，避免了对方把他视为需要防范的人，当成入侵者；继而，他明白无论对方的感受听起来多么荒唐，对于病人自己而言，那感受都是真实的，只有先认同这些荒唐的感受，才有可能让对方的感受变得不再荒唐。

事实上，我们在面对冲突时，无论对方的想法和我们多么不同，我们都要先试着和对方站在一起，而不是将对方推向我们的对立面。人永远不会听从敌人的引导，所以，我们不能一上来就制造对峙，这只能让矛盾激化。

当然，坐上同一条板凳上，并不是泾渭不分，你认同对方的感受，也不是要变成对方。虽然你们坐在同一条板凳上，却是两个不同的身体，各自有着自己的重心。而作为一个正方形，你有能力引领对方站起来，共同向更高处走去。在一些关系中，尤其是亲密关系中，这种模式显得尤为重要。我见过很多子女，他们一边抱怨着被原生家庭拖累，一边却不懂方法，没有能力引领自己的父母，结果双方虽然坐上了同一条板凳，却也被死死地粘在那条板凳上，只能相互指责、埋怨，在委屈与痛苦中固守着原来的相处方式。

第二步：穿上对方的鞋子走路

有一句诗是这样写的：

穿着我的鞋子走一里
你才会懂我。

这里的"懂"，不是理论上的了解，而是一种切身的感受。只有穿上对方的鞋子走路，用自己的脚去感受鞋子里的每一个褶皱，以及路上的每一个坑洼，才算是品尝过对方的艰辛、忧虑和恐惧，这样基础上的懂，才叫真"懂"。在"懂"的面前，一切概念化的语言都显得空洞，唯有感受才能"懂"感受。所以，要与攻击者谈判，不仅要坐上对方的板凳，还要做到真的懂得对方。如果不懂其感受，就不知道他的想法和意图究竟是什么，谈判也就无从下手。

  我女儿小时候很喜欢吃一种糖，每天都会吃很多，如果不准她吃，她就会生气发火。面对她的顶撞，我有些生气，曾想将她关进小黑屋，但转念一想，我又有些不解，平时乖巧的她，为什么会在这件事情上如此反应激烈呢？于是，我第一次拿起了那种糖，放进了自己嘴中。一瞬间，我就明白了女儿的感受，那糖真的太好吃了。对于一个小孩子来说，这味道确实欲罢不能，而作为一名成年人，我虽然可以抵御糖的魅力，但扪心自问，在面对其他诱惑时，我是不是也能轻易抵挡得住呢？在理解了女儿的感受之后，我收起了自己的三角形，转而变成了正方形去进行谈判。

  "爸爸也吃糖了，这种糖很好吃，甜而不腻，还回味无穷。"

  听到我的话后，女儿的怒气顿时消失了："是呀，所以我才喜欢吃嘛。"

  "但有一个问题，你看咱们该如何解决。"

  "什么问题？"

  "就是糖吃多了，会长蛀牙。"为了让她了解蛀牙的危害，我还上网找了一些图片。

  女儿显然被图片触动了，但又舍不得美味，有些为难地问我："那我该怎么办呢？"

  最后，我们达成了一个协议：我允许她吃糖，但她必须保证不再多吃。就这样，问题得到了解决。

在吃糖事件中，我一开始不允许女儿吃糖，她于是攻击我，这时，我与她之间呈现出了180度的对立。而我吃糖的举动，却又让事情有了180度的逆转，在我把糖放进嘴里的那一刻，我便是穿上了她的鞋子走路，我们都体会到了糖果的美味，不再对立，而是心平气和地商量对策。在女儿心中，吃糖成了我们共同需要解决的问题，我们的目标一致，能量合流在一起，而对于这样商量出的结果，她才会欣然接收。

所以，面对攻击的三角，谈判的正方形不会针锋相对，直接反击，也不会像圆一样"三十六计，走为上策"，而是会理解对方的立场。这个过程，可以用下面两张图表示：

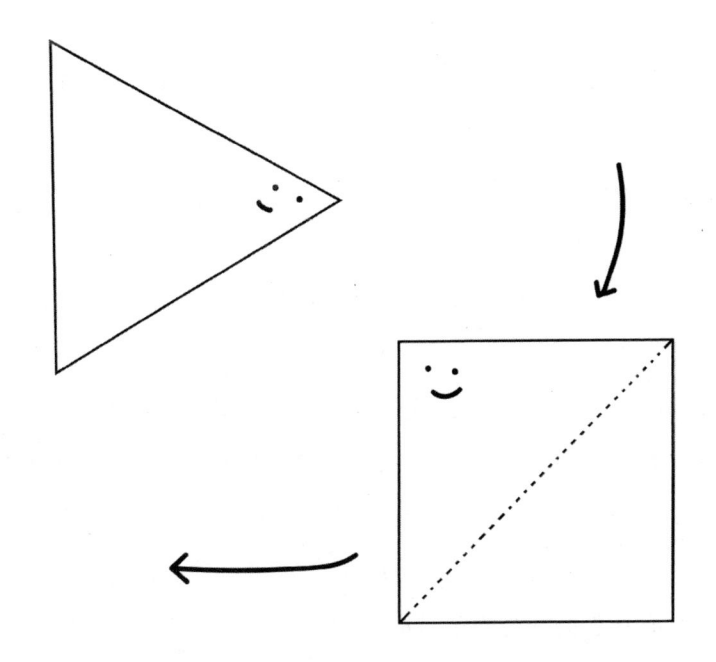

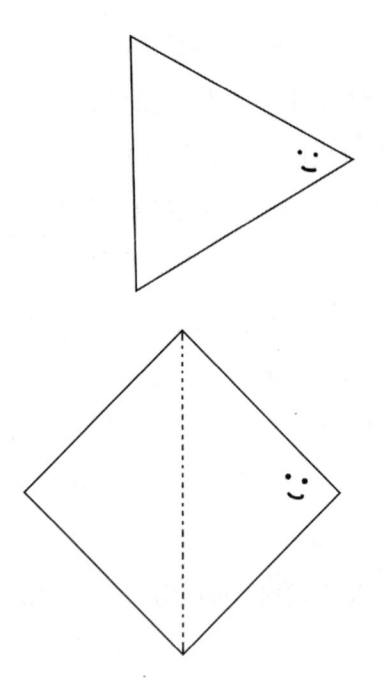

可以看到，在第一张图中，面对三角的攻击，正方形没有针锋相对，而是开始旋转；而在第二张图中，正方形经过旋转，不仅躲开了三角的攻击，而且与三角形面对着同一个方向，也就是说，攻击方与被攻击方站在了一起。

这两张图，充分反映出正方形在面对攻击时，所具有的特点和优势。它虽然不是圆，却也足以躲开对方的进攻，保护自己；同时，正因为它不是圆，所以不会一去不回地溜开，而是能掉转方向，对攻击者感同身受，明白对方为什么会愤怒地攻击自己。以上这一切，都为接下来的谈判打下了牢固的基石。

《非暴力沟通》的作者马歇尔·卢森堡的一段经历，便印证了正方形在冲突中带来的影响。一次，他在一座难民营中讲解非暴力沟通，发现下面坐满了巴勒斯坦人，演说开始后没多久，一名观众突然生气地站起来，大骂卢森堡是"谋杀犯"，一石激起千层浪，很快，其他人也跟着叫嚷起来："杀手！""杀孩子的凶手！""谋杀犯！"

此时此地，卢森堡被群情激愤的人群包围着，他很难像圆一样马上跑开，当然，他也绝对不能做三角，不然一定会遭到更猛烈，甚至丧失理智的攻击。卢森堡深思了片刻，想搞清为什么这些人如此仇视自己。他想起了在来时路上看到的一幕：地面上散落着印有"美国制造"的催泪弹弹壳。他一下子明白过来，这些生活在难民营中的人，满腔愤懑无处倾诉，只能将怨恨发泄到其他相关的事物上，而当时美国与巴勒斯坦的关系十分紧张，自己作为一名美国人，难免会激发他们的敌意。

卢森堡看向第一个大骂他的男人，语气温和而冷静地问对方："你生气，是因为你想要我的政府改变它使用资源的方式吗？"

男人丝毫不掩饰自己的愤怒："你以为我们需要催泪弹？我们需要的是排水管，不是你们的催泪弹！我们需要的是房子！我们需要建立自己的国家！"

卢森堡："所以，你很愤怒，你想要一些支持来改善生活条件并在政治上独立？"

男人："你知道我们带着小孩在这里住 27 年是什么感受吗？你对我们长期以来的生活状况有一点点了解吗？"

卢森堡进一步咀嚼着对方的感受："听起来，你感到绝望。

你想知道，我或别人是不是能够真正了解这种生活的滋味？"

就这样，在这场持续了 20 分钟的谈话中，卢森堡一点点体会着对方的感受，并且不断替对方说出这些感受，让对方知道自己正被人理解。卢森堡走过很多国家，他深切地懂得，当一个人被迫在难民营生活了二十几年，并且看着自己的孩子依然要与战乱、暴力、疾病与死亡如影随形时，内心会蕴藏着怎样强烈的愤怒、痛苦与绝望。

他没有选择逃避，也没有与男人辩论，而是变成一个正方形，与男人展开一场平等的对话。此刻，他不再是一名演说家，而是一个深刻体会着人间疾苦的普通人。当这场对话告一段落，人群重新恢复了安静，卢森堡得以将演讲继续，而就在演讲完毕后，那位男人主动找到卢森堡，说想邀请他去自己家里吃晚餐——并且要给予卢森堡尊贵上宾的待遇。

穿上对方的鞋子走路，就意味着要暂时脱下自己的鞋子，去感受别人的感受，这样做可以消融冲突，让沟通变成可能。而分析所有激烈冲突的背后，都是因为人们不肯放弃自己的感受，却又全然不想体会对方的感受，愤怒碰撞上愤怒，彼此都不肯转向，就成了积怨。

诗人西尔维娅·普拉斯曾写道：

你不要，你不要做
再也不做，黑色的鞋子
我像只脚，住在里面

已经三十年，贫困又苍白

我不敢呼吸也不敢打喷嚏。

人如果始终困在自己的鞋子里，作茧自缚，是无法向外伸展的，不仅难以建立良好的人际关系，还会让自我变得苍白无力。而穿上别人的鞋子走路，就是一种自我突破，是从"我"到"你"，实现了"我与你"的关系。在这种关系中，无论对方有怎样的感受，这感受对我们多么陌生，我们也都能明白：从对方的角度来看，这样的感受是有道理的，一切"不可理喻"的背后，都有着极端的合理。

排斥是对立的根源，认同是转变的开始。我们不仅要与对方坐上同一条板凳，还要穿上对方的鞋子走路，明白对方的感受和想法，从"我"出发转向"你"，并和"你"一起找到解决问题的方法。

第三步：找到另外的可能

当我们完成了以上两步——坐上同一条板凳，穿上对方的鞋子走路，谈判还差着最后的一步——与对方一起，找到另外的可能。

一位丈夫长期忙于工作，冷落了妻子，一天，妻子愤怒地对他说："咱们离婚吧，我不再爱你了！"

丈夫想了想，问妻子："对你来说，我不是个好丈夫，对吧？"

"是的，你一点也不懂我。"

"你这么痛苦，我也很难过。"

"我不想跟你在一起生活了，你从来不把我当一回事，我都快被你逼疯了！"

"我知道，我对你的忽略，让你感到十分孤独。"

"你就是一个冷漠、傲慢、低情商的男人，真后悔当初看上你。"

"是呀，爱上你是我的福气，但让你感到失望，我也很痛苦，你看我们能不能尽力找到一个办法，既让你不孤独，而我也能做自己喜欢的事情。"

妻子开始沉默。

谈判时，沉默通常是个拐点，因为沉默表明对方正在思考，而思考可以让人冷静下来，改变三角形的能量形状。这时，被攻击者不要打破沉默，要耐心等待对方自动恢复理性，重新获得平衡。

过了一会儿，妻子终于开口了，语气缓和了不少："如果能够这样，当然好了，谁愿意离婚呢。"

由此，事情出现了转机。

在上面的对话中，丈夫并没有苦苦哀求，也没有愤怒攻击，而是和妻子坐上同一条板凳，体会对方在婚姻中的痛苦。当然，此刻丈夫的心中必然也是痛苦的，但是他能在彼此都痛苦的时候，为妻子展示出另一种可能：对婚姻感到失望，并不只有分手这一条路，还有其他选择。之后，他与妻子一起商量出了一个办法，约定好自己每天抽出一个小时，放下工作，关掉手机，全神贯注沉浸在二人世界中，圆满地解决了夫妻间的冲突。

找到另外的可能，不仅有助于解决婚姻与家庭中的冲突，在其他支柱中，也能发挥同样的作用。

一天，上司冲新来的秘书大发雷霆："我对你的工作很不满意！"

面对盛怒，人会本能地呈现出三角形状，即使对方是强势的上司，也会找各种理由辩驳。然而，这位秘书却没有这样做，她将自己的能量呈现出正方形，进而进行了一场谈判。

"很抱歉，我没做好工作，惹你生气，这是我的错。不过，我想仔细问一下，我在哪些地方令你不满意？看能不能找到一个方法，既让你感到满意，我也能很快适应。"

秘书面对上司的愤怒，没有站在他的对立面，而是承认他愤怒的合理性，这样的旋转，不仅让自己免于遭受更多的攻击，也能帮助上司冷静下来，理性地看待这件事。经过这一番转向，现在，他们的能量不再是针锋相对，而是指向了同一个方向——解决问题。

上司不再发泄怒气，而是和秘书讨论其具体的工作细节："这是你写的报告，格式不对。"

"报告有很多格式，不如你选一个喜欢的样本给我，我照着做。"说完，秘书拿出一些模板，让上司选了其中一个。

"还有别的问题吗？"秘书继续问。

上司摇摇头，他已经从谈论具体工作的过程中冷静了下来，想起刚刚的咆哮，甚至有些不好意思。

这位秘书面对上司的攻击，既没有反击对方，也没有委屈自己，而是一个优雅的转身，与对方站在一起，把注意力对准问题本身，同时也引导上司将矛头指向问题，而不是她本人。继而，又与对方一起商量解决问题的办法，最终，她与上司的能量形状都发生了变化：

如上图所示，通过这场谈判，无论是上司还是秘书，双方都去掉了自己的棱角。上司不再是一个三角，秘书也不再是一个正方形，两人都变成了光滑、平和的圆。

由此可见，在人际关系几何学中，无论冲突双方最初的能量呈现出什么样的形状，是三角，还是正方形，最终都能通过谈判，趋向于圆与圆的关系。

所有成功的谈判，都需要一个引导者

从谈判的三个步骤可以看出，化解攻击、达成共识的关键，在于能够及时转身。

一位女生在北京工作，家里条件不是很好，自己工资也不太高，一个周末她临时起意，想坐飞机回老家，与爸爸妈妈团聚。她打电话给妈妈，却遭到了猛烈的攻击："你疯了吗，这得花多少钱啊，你都这么大了，怎么还一点都不懂得节约，到底什么时候才能让我省点心？还有，你花钱这么大手大脚，怎么在北京生活，谁又敢娶你？"

妈妈的这一通数落，是典型的热三角，她并不是在就事论事，而是在借机发泄着自己的情绪。面对这一连串的攻击，很多人会愤怒、哭泣，会挂掉电话，发誓再也不主动联系。然而，这位女儿虽然也感到受伤，却将能量形状保持为一个谈判的正方形，她用一个转身，旋转到跟妈妈同一个方向上。

"妈妈，你说了这么多，是不是担心我在北京过得不好？"

妈妈叹了一口气："当然担心，我和你爸爸有时都愁得睡不着觉，不知道你一个人在外面生活得怎么样。"

"妈妈，你放心好了，我知道应该怎么做。你们总是想着我，我真高兴有这样关心我的父母。但其实，我也很牵挂你们，所以才想回去看看。"

"我知道，但是又怕你经济压力太大。"

"妈，我想到一个办法，你看好不好。我本来想买件皮衣的，现在我决定不买衣服了，这样，我就有钱买机票回来看你们了。"

"如果真能这样，那倒是可以。"

"那周末见，记得做我爱吃的菜噢。"

"好的，没问题。"

在这段看似简单的对话中，女儿没有委屈自己，也没有展开对抗，而是通过转身，与妈妈坐上了同一条板凳，然后一起商量办法，以另外的可能解决冲突，让彼此的能量形状都变成了圆形。

人活在关系中，关系是支撑，是能量，但同时也可能是牵绊，是束缚。很多并不长久的关系，最开始时都是很甜蜜的，但渐渐地，人们就会感到难以忍受，某天突然发作，最后彻底闹掰。人生的六根支柱，每一根要想持久强壮，都需要关系中的人能保持和谐和愉悦，但这只靠愿望是不行的，还要懂得方法。

在关系中，冲突是对关系最好的试炼，而关系中选择转身的那个人，往往充当着谈话的引导者。引导者的责任，就在于让关系重回和睦，双方获得成长。

引导者并不容易做，他虽然置身于关系之中，却需要活在关系之上。他能理解对方的感受、想法和立场，却又不会与对方纠缠，而是会引领对方走过冲突，逐步在关系中实现心智的成熟。

我常觉得，人与人的关系有点像跳华尔兹，如果一方会带领，另一方即使不怎么会跳，也会跟着旋转出优美的舞步。相反，两个水平都很差的人，不仅谁也不会带领谁，还会因为你踩了我的脚、我踩了你的脚这样的事，而相互指责埋怨。

关系中的引导者，与实际生活中的身份、年龄无关。在上面的例子中，女儿虽然是晚辈，却引导了自己的母亲，而之前我们讲过的秘书与上司的故事中，秘书是下属，却引导了自己的上级。如何才能成为关系中的引导者，重点在于是否可以以正方形应对冲突。

想让自己做到这一点，就要遵循谈判的三个步骤，我们在这里将这三个步骤再重复一遍：坐上同一条板凳，穿上对方的鞋子走路，找到另外的可能。以上，是我们需要学会做的事，但同时，我们还要知道，身为引导者还有着两条禁忌，如果无法规避开这两点，也很难将冲突化解。

下面的这一节，我们就来分析一下这两条禁忌分别是什么。

引导者的两条禁忌

1. 引导者≠隐忍者

有两个很要好的同学，同住一个宿舍，时日一久，其中一位对另一位有了些意见，但为了维护这段友情，她忍住没说，因而对方也不知道。但忍的时间一长，人的情绪就会将问题放大，她渐渐觉得这段关系难以忍受，终于在一个晚上，因为一件小事，矛盾集中爆发了出来。她变成了一个锐利的三角，将所有情绪倾泻而出，而对方则觉得莫名其妙，认为她是小题大做，最终，双方闹僵，一夜之间由朋友变成了仇人。

几乎所有闹僵的关系中，都有一个隐忍者，有时甚至是两个。当小摩擦出现时，他们最初选择隐忍，但这种隐忍其实是在制造"炸弹"，逐渐装满积怨的火药，不知道什么时候，就会把这段关系炸得粉碎。相反，一些关系之所以坚固，并非是没有矛盾，而是因为其中一个人充当着引导者，每当摩擦出现时，他不会压抑自己，逼自己把三角隐藏在圆中，而是会变成一个正方形，通过谈判及时化解冲突。可以说，引导者是关系中的"拆弹部队"。

所以，想做引导者，一味地忍耐是不行的，必须要敢于揭示问题，这样，才能带着对方一起找到解决问题的良策。

2. 不说积极的废话

在一些关系中，一方发现了问题，并且也敢于说出来，但是结果却并不好，对方一点都不买自己的账。为什么会出现这种情况？一个很大的可能，是因为说出的那些话，属于积极的废话。

什么是积极的废话？就是一些听起来似乎正确、向上、充满善意，但是实际上对对方半点启发作用都没有，甚至会引发对方反感的语言。

举个生活中的例子来说，孩子贪玩不想做作业，与父母有了冲突，这时父母郑重地告诉孩子："你如果不好好做功课，就不能考上好高中，接下来不能考上好大学，之后找工作就会变得困难，你的生活也会变得拮据。"你认为，孩子会因此而变得刻苦而自律吗？当然不会。因为这些话，全都属于积极的废话，孩子只会觉得厌烦，不会有任何触动。

所以，引导者想要获得对方的认同，一定要避免说出积极的废话，同时还需要根据对方的特点与需求，抓住真正能让对方感兴趣的点。

综上所述，无论是朋友关系、家庭关系，还是同事关系、上下级关系，都不可避免会出现分歧和冲突。这个时候，我们要学会站在关系之上，通过三个步骤及时调整方向，找出解决问题的对策，并参考两条禁忌，学会更好地表达，让对方心甘情愿地和我们一起化解冲突，这样，关系才能更健康，更安全，也更长久。

第6章

接纳：三角切入圆

有些关系，需要我们接纳攻击，承受伤痛

女儿4岁那年的一个周末，妻子带她去教育机构选兴趣班，回家后，女儿一边蹲在门口换鞋，一边歪着小脑袋说："妈妈，我想问您一个问题。"

"什么问题？"

"兴趣班是我的兴趣班，还是您的兴趣班？"

"当然是你的。"

"既然是我的，那为什么您要替我选，不让我自己选呢？"

我站在一旁，觉得女儿的神情和模样很可爱，而且"怼"得也很有道理，便对妻子说："孩子说得对，就让她自己选吧。"

由于女儿经常"怼"我们，所以我们便给她取了个外号，叫"怼怼"，她也欣然接受。不过，女儿小时候的"怼"透着机灵活泼，但随着一天天长大，她的"怼"却时常让我们很受伤，甚至是难过、生气。

女儿"怼"我最厉害的一次，就是我送她去纽约读大学

的那一次。她从小没有离开过父母，这次远赴异国他乡，我自然十分担心。本想帮她处理好一切，谁知女儿不仅执意拒绝，还沉着脸说，将来的一切都不用我操心，那一刻她的语气和神情，简直像要和我一刀两断。很难用一个词表达出我当时的感受，我失落、委屈、愤怒，我的"自我"在女儿的攻击下崩溃了，揣着一腔心碎，我独自漫步在纽约街头，以至于流下了眼泪。

但如果，用心理学去分析女儿的"怼"，她其实是在发泄一种不满。之前我说过，因为童年的经历，我的控制欲很强，对家人总表现出过度的担心与保护，这在女儿小时候尚且无伤大体，但随着女儿长大，我的保护就会变成一堵墙，阻碍她的成长。记得在她可以独自上街的年纪，有好多次，因为怕她出现意外，我都会偷偷跟在她后面，一路远远地看着她、保护她。

女儿想要获得成长，势必要冲破我的控制，与我发生冲突。从这个角度看，女儿用情绪攻击我，实际是在攻击我的控制欲，而这必然会摧毁我早已形成的"自我"。

根据人际关系几何学，在面对攻击时，我们可以还击，可以逃避，可以谈判，然而，生活中却存在一些情况，偏偏这几条都不适用。比如我们在面对子女时，紧密的亲子关系，决定了我们不可能一溜了之；而反击的话，会很容易给孩子带来压迫感，激发起他们更强烈的叛逆；谈判听起来是个好办法，但孩子总是情绪化的，所以未必总能见效。如此一来，我和女儿的冲突似乎陷入了无解。

其实，当我们环视自己所处的每一类关系，会发现，总有一些冲突，是需要我们呈现出这样的状态的：

接纳攻击，承受伤痛。

这听来和我们之前论述的十分矛盾，但是，在某些条件下，这却是最好的解决方式，而这里的"某些条件"，即必须**在爱的关系**里。比如亲子关系，或者是伴侣之间，抑或是其他以爱为纽带的关系中，只有这些关系，值得我们承受伤痛，也只有这些关系，需要我们用接纳攻击的方式去处理冲突，让关系重回和睦。

在人际关系几何学中，"接纳攻击"是一个圆主动接受三角的进攻，不回避，不反击，让三角直接切入。如图所示：

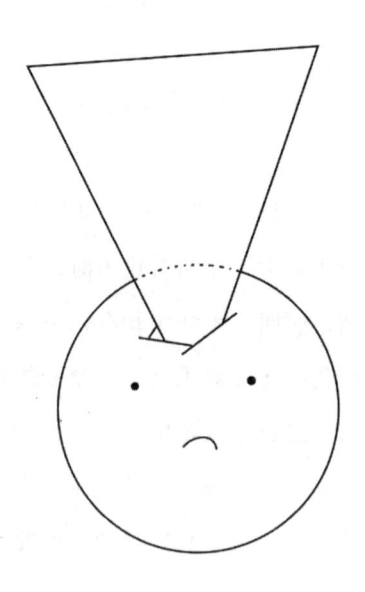

这种方法必然引发接纳者的不适，甚至痛苦，但当足够多的三角切入圆后，会让接纳者的"自我"破碎，引发改变。这种改变是值得期待的，得意时的圆满不值一提，唯有破碎后的痛苦，才会给人带来教益。

以我为例，当女儿想冲破我的重重保护时，我的自我在攻击中破碎了：

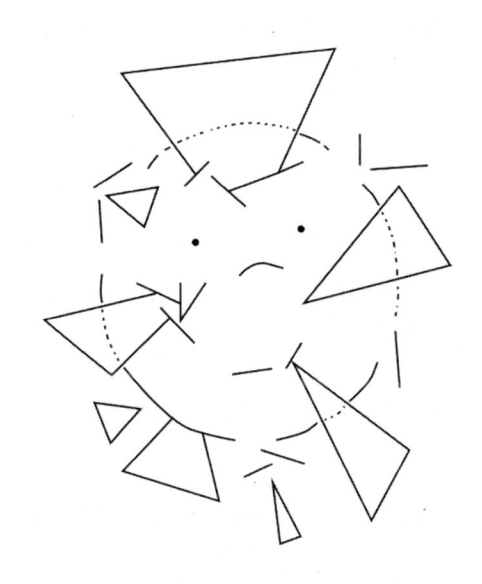

不过，这种破碎，却蕴藏着反思和改变的力量。我的封闭之圆由此被击碎了，让我得以看清真实的自己，进而在痛苦中反省。

我觉察到，我的控制欲和焦虑症是如此严重，已经影响到了女儿的未来；

我发现了，我对她的不放心，很可能会让她产生不自信，认为肯定是自己哪里出了问题，才会让父亲如此担心；

我明白了，我的焦虑不仅会令女儿反感，还会在她心中播下不安的种子，让她变得和我一样缺乏安全感；

最终，我意识到，到了放手的时候了。

在"自我"未被撕开前，我认为自己所做的一切都是爱，而当"自我"被撕破后，我才意识到，我的很多想法都是错的。心理学家温尼科特曾说，爱中或许有占有欲，有恨，有慷慨、谦逊和力量，但过分担心不属于爱。我决心做出改变，于是，做了三件事：

1. 对女儿坦诚。我告诉她，我有着强烈的控制欲和焦虑症，很多时候我之所以对她不放心，并不是她的能力有问题，而是我自己有问题。

2. 放弃控制。不停提醒自己，一定要摒弃控制欲，放手让女儿独自生活。

3. 和女儿一起成长。我相信，女儿是上天为我派来的治疗师，能治愈我的焦虑，我可以和她一起成长，并实现改变。

这样的改变于我而言，是很有挑战性的。记得有一次，女儿独自从纽约乘飞机去西雅图见朋友，我非常担心她的安全，但是在她即将登机时，却依然故作轻松地给她发了四个字："玩得开心。"

时至今日，我仍然在摆脱控制欲和焦虑症的路上，很多时候，还是忍不住向女儿投去过多关注，但我却学会了把自己的问题留给自己，并竭尽全力去改变，而且，我相信这样的改变一定会成功，因为促使我做出改变的，是心中一种深切的情感。

在爱中破碎，因爱而重建

斯科特·派克说："爱，是为了促进自己和他人心智成熟，而不断拓展自我界限，实现自我完善的意愿。"支持我在亲子关系中做出改变的，正是我对女儿的爱，因为我爱她，所以愿意为她更加拓展、完善自我。

而拓展、完善的前提，就是先要打破自我。

打破自我，不仅是主动的打破，也包括被动的打破，后者意味着，我们要能接纳所爱之人的伤害。纪伯伦在《先知》中写道：

当爱召唤你时，跟随他，
不管道路多么崎岖，陡峭。

> 当爱展开羽翼拥抱你时,依从他,
> 即使深藏在羽翼之中的刀剑可能伤及你。
> ……

正如诗中说的,爱如同陡峭的险路,没有相当的胆量,便不敢前行;爱是轻盈的羽翼,温暖的拥抱,却藏有刀剑,有意无意之间,就有可能伤到你。从本质上说,当我们爱一个人,便是允许这个人进入我们的内心,并伤害我们。而这份欣然允许,并无怨无悔,才算得上是真正的爱。很多妈妈在和孩子发生冲突时,常会说:"我为什么那么'贱'?孩子让我伤心痛苦,可我还是会无怨无悔地关心他。"这些妈妈口中的"贱",其实正是货真价实的爱。

并非所有以爱为名的关系,都是真的爱。如果在一种关系中,我们没有被伤害过,没有痛苦过,那么这份轻飘飘挂在嘴上的爱就称不上是真正的爱。真正的爱,必然包含着破碎、疼痛、折磨和煎熬的时刻,但它也因此变得厚重、有力而纯粹。

我很赞同纪伯伦对于爱的比喻,他说:你是谷穗,爱就是把谷穗捆扎起来,用春臼撞击你,让你破碎;用簸箕筛分你,让你摆脱无用的外壳;用磨子碾压你,使你变得清白;用手揉捏你,使你顺服;最后用火炙烤你。

这里所说的"捆扎""春撞""筛分""碾压""揉捏"和"炙烤"等,其实就是用三角"捣碎"一个完整的圆。为什么要捣碎?因为完整的圆,亦是封闭的圆,代表故步自封的自我，它屏蔽了他人的声音，也让阳光无法照射进来。然而即使是这样让人窒息的环境，很多人却习以为常了，就像电影《肖申克的救赎》中所说："先是憎恨它，然后是习惯它，最后随着时光的流逝，依赖它。"想打破这种可怕的习惯，让生命所需的新鲜空气、阳光和雨露与我们充分接触，我们必须允许捣碎自我。捣碎，必然伴随着疼痛，但疼痛是值得的——自我的屏障一旦消失，变化自然会来。

我们因为爱，所以接纳攻击，任凭自己破碎；但又同样可以因为爱，而重建自我，重建关系。正因为爱是一种深度关系，所以改变的绝非是其中一方。就拿我和女儿来说，我是圆，女儿是三角，她的切入让我在破碎中获得改变，同样，女儿作为三角被圆接纳，这也给她带来了反馈，即使她当时自己都并未意识到。在后来的日子里，她迅速变得懂事起来，并且开始体谅我，这一系列改变都是因为她被接纳了。对每一个人来说，接纳是成长的动力，而排斥是摧毁的开始。

一次，在北京与武志红老师吃饭，他给我讲了一个故事，在我听来堪称传奇。

有个女人脾气暴躁，是个不折不扣的"作"女，旁人避之唯恐不及。一天，她去寺院烧香，没想到寺院的住持大师对她一见钟情，并为她还了俗。但两个人初在一起时，却并不怎么甜蜜，"作"女从来不懂好好说话，总是用尖锐的三角攻击大师。比如，大师在做饭时，她看到大师切菜切得有点难看，就忍不住朝他咆哮，爆粗口。面对这样的攻击，大师如何应对呢?他的做法是:先是放下手里的菜刀,然后平静地走过去,温柔地抱住女友,对她说:"亲爱的,我喜欢你真实的样子。你能这么坦诚真好,但我也希望你不要伤害到自己。"大师做这一切时,并不是没有过波动,"作"女对他的态度一度让他无比痛苦,想过分手,甚至是自杀,但是他最终选择了在爱中重建自己。在这种重建中,他的心胸越来越宽广,也越来越强大。而"作"女则在大师一次次的温柔相待中,感受到了久违的被接纳,这对她而言其实是极珍贵的体验,因此,她也慢慢改变了自己的脾气,变得温和起来。现在,他们不仅结了婚,还生了一个活泼的宝宝。

在爱的关系中,任何力量都是双向的。在三角切入圆的过程中,圆允许三角切入,自己会变得更宽阔,而三角也会去除棱角,趋向于一个圆。它们相互作用,相互影响,又相互塑造,在爱中打破原有的自我,却也因爱获得了新生。

六边形——从小圆到大圆的蜕变

在面对"烂人"的攻击时,我们需要变成一个回避的圆,但在与所爱之人的摩擦和碰撞中，我们却不能回避，也无法回避。这时，敞开心怀，接纳攻击就是最好的选择。例如，孩子攻击妈妈，妈妈虽然伤心，却对孩子热忱不改；妻子冲丈夫发火，丈夫忍住不快，对妻子不离不弃；诤友的话像刀子一样扎心，但忠言逆耳，我们依然会珍惜这份友谊。

所有这些，都是接纳。

但这里所说的"接纳攻击"，不同于"老好人"的忍气吞声。"老好人"会压抑自己，把愤怒积攒起来，自己攻击自己，这个过程中没有成长，只有自我牺牲。就像著名心理治疗师维吉尼亚·萨提亚所说的：

自我牺牲里没有滋养
有的是期待、压力和负担
……
它制造了内疚、怨恨，甚至仇恨
……
宣称自我牺牲是伟大的
那是一个古老的谎言。
……

而"接纳攻击"则是敞开胸怀，在痛苦中领悟，在破碎中重建。虽然表面上都是在承受攻击，但"老好人"的承受是自残，而"接纳攻击"则是深深的爱，是双方的成长，是生命的再建。

  越是在充满爱的关系中，越是需要接纳攻击。这种接纳并非是肤浅的摩擦，而是一种深刻的互动。三角深深地嵌入圆，圆感受到深深的伤害，但是也深深地接纳了三角，继而双方深入地反转，并深切地改变。如果没有这一系列的"深"，这段关系只能是一般关系，互动流于表面，彼此保有礼貌，不碰撞，却也不痛不痒，没有爱的味道。而爱的关系，自然不是一般的关系，所以，在爱中即使被对方刺痛，我们也不会退缩；即使遭遇了舂打、筛分、碾磨和揉捏，也不会畏惧。如同稻谷需要脱壳才能成为上好的食物，正是在这种肝胆俱裂的破碎中，蜕变才会来临。而这个蜕变的过程，用人际关系几何学来表示，则会是这样：

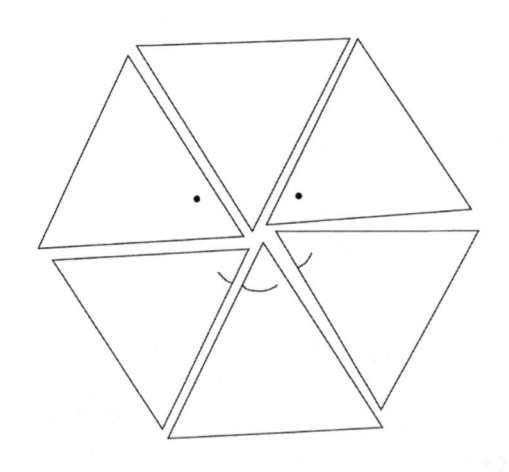

  首先，当"自我之圆"被三角刺破后，圆分崩离析。
  之后，在破碎中，自我开始吸纳三角，并将其重新组合，

排列成一个六边形。

继而,在六边形的基础上,一个新的更大的圆由此诞生,圆实现了自我的蜕变:

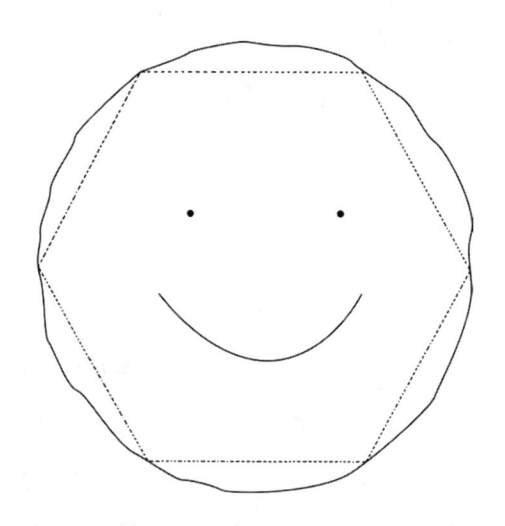

"烂人"与"老好人"的心中同样有三角,但是却与爱的接纳截然不同。"烂人"的三角如同一根狼牙棒,由无数不规则的三角组成,这些三角暴露在外,随时随地都会伤害别人。而"老好人"的三角则横亘在内部,自己折磨自己,并因压抑陷入混乱。而上图中的"六边形",虽然也是由六个三角组成,但却是将三角融化、吸收并有序排列在一起后的产物,它不尖锐,也不混沌,不对外伤害别人,也不对内煎熬自己。

而这种消融、吸纳并重组的力量,全都是源自爱。

克里希那穆提曾说:"爱是危险的事情,但却可以带给我们彻底的改变和完整的幸福。"当我们在爱的关系中,之所以会接纳对方的攻击，不仅因为对方是自己在意的人，值得自己忍受被攻击的痛苦，还因为这些攻击能帮我们看清自己，打破过去的自我界限，重建起一个更大的圆。在这个全新的圆中，无论就人际关系的丰富、深入，还是个人心智的成熟度来说，都比之前的"自我"更大更强，正所谓没有破碎，就没有成长。

在我看来，成长就是不断打破现有的圆，然后吸纳更多力量，聚合成一个更大的圆，并一次次重复着这个过程。这也正是生命成长的必经之路，在最初的母婴关系中，婴儿的圆就是自己的妈妈，没有妈妈的乳汁，婴儿无法活下来，因此，之后的断奶，对于婴儿来说就是一次蜕变。母亲们看似狠心地切断了孩子对乳汁的依赖，这就像是用三角去刺破圆，孩子会不习惯地大哭，但是，断奶扩大了孩子获取营养的范围，拓展了孩子的圆。之后，随着友情、爱情、事业、爱好和信仰等关系逐步建立起来，孩子的活动半径越来越大，自我之圆也越变越大。

生活就是如此，我们成为一个圆，又打破这个圆。唯有反复破碎，反复痛苦，并反复调整，才能将关系中深层的东西展露出来。正如纪伯伦所说："悲哀的创痕在你身上刻得越深，你越能容受更多的快乐。"生活必然会有很多痛苦和煎熬，但在这之后，也会迎来很多美好。

避不开的"灰天使"

我认识一个女孩,文笔极佳,如今已经出了好几本书。她告诉我,她之前虽然喜欢写作,但一直认为出书是遥不可及的事,而促使她付诸行动的,却是前男友在分手时的一句讥笑:"你那么爱写,发个信息絮絮叨叨的,怎么不去出本书啊?"女孩当时非常难过,但是,"出本书"这几个字却像是粒种子,埋进了她的心里。"我是不是真的能出本书呢?"女孩问自己,之后,她开始四处投稿,在不同平台发布自己的作品,果然,遇到了事业上的伯乐。

女孩的故事,演示了自我之圆的另一种打开方式。但在这里,促使我们改变的不是我们所爱的人,而是我们讨厌的人。这类关系中的特殊角色,被心理学家称为"灰天使"。

之所以叫"灰天使",是因为这些人原本没有想做天使,他们并不爱我们,反而对我们心怀恶意,并且会肆无忌惮地折磨、陷害、羞辱我们,然而,正是这些难熬的经历,却如同三角刺破了我们封闭的自我，让我们在刺激之下做出改变。这种初衷为恶，却最终成就了我们的人，就是"灰天使"。

"灰天使"或许是抛弃了我们的伴侣，是看不起我们的同学，是视我们如眼中钉的同事，他们可能是我们遇到的任何人。灰天使的出现，会给我们带来三大影响：

1. 灰天使以三角姿态刺伤我们时，那些尖角让我们的"自我"破碎，但也因此，我们得以无遮无挡地看清自身的局限。

记得在一档节目中看到一位小伙子，人很帅气精神，但他在过去很多年中，体重从未低于过100公斤。小伙子之所以能减肥成功，是因为在表白时，遭到了对方的耻笑，说他自不量力。他十分痛苦，但同时，也惊觉于自己在体形上太过放纵，这么多年来，制定过无数次减肥计划，竟然一次也没坚持下来。带着被羞辱的痛感，小伙子用了一年多的时间瘦身，严格自律，这一次，他真的收到了成效。

那位拒绝他的姑娘，就是他的"灰天使"，但也正是那些刻薄无情的话，让他发现了自己的惰性。

当然，灰天使在说出那些话时，并非是出于"爱之深，责之切"的好意，而是因为轻蔑和厌恶，但有时，正是因为他们的毫不留情，不会像爱我们的人那样回避和掩饰，所以，反倒能戳中我们的痛点，让我们发现自己存在的问题。

2. 我们在"自我"破碎的同时，也看到了自身蕴藏着的可

能性。

这似乎和第一点有些相似，但不同之处在于，第一点是让我们在破碎中，发现自身的局限性，而这里，则是指"自我"破碎后，我们发现了自己尚未被挖掘的长处。

比如有些全职太太，在被丈夫抛弃后，为了生计重新进入社会，反而发现了自己的某项天赋，并因此发展出了自己的事业；有的人在工作中被迫背锅，失业后开始创业，自此做得风生水起；还有的人在感情中遭遇欺骗，却由此告别了错的人，遇到了真正适合的伴侣。所有这些，都是"自我"被灰天使击碎后，得到的意外收获，我们失去了一条路，却因此拥有了更多的可能性。

"灰天使"是无情的，他们拆掉了我们安稳的住所，将我们抛在泥沼中，之后扬长而去。但是我们在爬起来后，却会发现世界远比想象中的大，我们之前栖身的那座蜗居之外，原来有着广袤的平原，有着望不到头的河流山川，任何一处，都能盖上一所更大更好的房子，成为新的家园。这种触底后的反弹，破碎后的重建，就是灰天使带给我们的第二个影响。

3. 引以为戒，不能成为别人的"灰天使"。

在这本书的开头，我提到了女儿初入大学后，就与室友出现了矛盾。她的那位室友当时正值热恋期，每天通宵达旦与男朋友视频，无所顾忌地说笑，声音大到连隔离宿舍里的同学都听得一清二楚。女儿被折腾得彻夜难眠，和室友沟通了好几次，但对方始终我行我素。

这段经历，成了女儿入学后最大的波折，但也让她发现了一件事：一个人如果太以自我为中心，不顾及他人的感受，是很让人厌恶的。坦率说，女儿其实也是个比较自我的人，说话办事都很随心所欲，但是自从接触到了这位室友，她明白了人不能只顾自己，不管他人。从那之后，女儿待人接物都温和了很多，可以说，这位室友就是女儿的灰天使。

"不要做别人的灰天使"，这就是灰天使带给我们的第三个影响。他们就像是一个反例，一个示警，时刻提醒着我们，不能变成那种让人厌恶的样子。

美国联邦最高法院第17任首席大法官约翰·罗伯茨，在他儿子的毕业典礼上，曾进行了一次著名的反鸡汤演讲，也从另一侧面让我们看到了灰天使的这一价值：

在未来的很多年中，我希望你被不公正地对待过，唯有如此你才真正懂得公正的价值。

我希望你遭受背叛，唯有如此，你才领悟到忠诚之重要。

抱歉地说，我会祝福你时常感到孤独，唯有如此，你才不会把良朋益友视为人生中的理所当然。

因为遭遇过灰天使，我们才会更珍惜那些充满爱的关系，善待那些值得爱的人。

不过，除了受虐狂，恐怕没人会心甘情愿承受"灰天使"

的折磨，一旦遭遇到这样的人，我们通常选择用回避的方法应对。但很多时候，我们却是没有躲避的余地的，比如，我们不能因为一个讨厌的亲戚，就切断一切血缘关系，不能因为一个难缠的同事，就辞掉赖以生存的工作。在躲无可躲、避无可避的情况下，我们只得接下对方发起的攻击，而这时，我们就不妨将其视为自己的灰天使，以此获得历练。就像纪伯伦所说的：

痛苦是智慧的外壳破碎了。
然而，就像果核必须破裂，
暴露于阳光下才能生长，
我们也必须经历痛苦。

第7章

关系复杂，方法就不能单一

对抗是阻力，也是契机

俗话说，"不怕对头事，就怕对头人"。人际关系最难的不是讲道理的时候，而是不讲道理，或道理讲不通的时候，这个时候的分歧和对抗，往往会让关系恶化，阻碍"自我"向外伸展。

不过，遇到对抗，我们并非束手无策，而是可以根据具体情况，或选择反击、回避，或选择谈判和接纳。但需要注意的是，很多时候，我们不会只用一种方法，通常会将几种方法组合在一起，灵活地交替运用。

我们公司的销售员给我讲过一件事。一天，他去拜访一位客户，在接待室里刚一碰面，对方就当着众人冲他大吼："你怎么又来了？你们的图书太差了，我正要去找你算账，你倒自己送上门来了！"对方是行业内出了名的毒舌，言辞总是尖酸刻薄，还很爱出风头。

被人当众呵斥，销售员感到很难堪，也很生气。但他知道，尽管对方所指责的并非事实，但此刻如果在大庭广众争论起来，自己未必能挽回面子，同时还会激化矛盾，失去一位重要的客户。于是，面对攻击，销售员冷静了下来，他运用回避的方法，让自己保持一个光滑的圆形。他一言不发，看似毫不在乎地穿过接待室，径直走向对方的办公室。

这个举动明显出乎对方的意料，他大概以为，自己的恶言恶语会引发一场热闹的争吵，可销售员却像没听到一样，这让他好奇起来，不由跟着销售员走进了办公室。

当办公室中只有他们两人时，销售员立刻改变了自己的状态，他由一个回避的圆，变成了一个谈判的正方形。他告诉对方："我知道你是一个要面子的人，而我正好也是。如果我以前说过什么让你没面子的话，你现在可以告诉我，我向你道歉。"几句话，他的正方形旋转到了对方的位置，让对方感到自己是被尊重并懂得的，原本预备好的满腹台词，反倒说不出口了。

看对方没有说话，销售员继续说："你说我们的书不好，我想仔细听一听究竟有哪些问题，是封面不吸引人，印刷质量有问题，还是内容不精彩？"

销售员没有纠缠刚才遭受的羞辱，而是顺着对方的思路，冷静地分析产品，此情此景下，对方也只能就事论事。经过一番讨论，对方提出了一些意见，但同时，也承认了我们的图书其实很好，或许是出于对销售员的歉意，客户还当场加购了一批图书。

这时的他们，已经变成了两个圆。客户送销售员出门时，两个人有说有笑地穿过接待室，这让目睹过之前那一幕的所有人目瞪口呆，大家不明白，刚才还剑拔弩张的两个人，怎么这么快就变了样。

我们可以用人际关系几何学，来回顾一下整个过程。一开始，销售员用圆形回避三角的攻击，避免造成无法挽回的局面；后来，他又用正方形进行谈判，达成共识；最终，两个人都得以回到圆形。在这场冲突中，随着两人能量形状的不断变化，不仅化解了冲突，也让关系更加深入，正印证了人们常说的"不打不相识"。

"不打"，相互的能量没有交汇，没有嵌入，关系就会平淡疏远；但"乱打"的话，双方一味攻击，始终站在对立面，关系就会恶化。只有懂得变化的"打"，才是巧妙智慧的"打"，才能在"打"的过程中让关系变得深入、亲密。

手上不拿锤子，眼中就没有那么多钉子

在处理人际关系时，人们常会受惯性思维的束缚，想以自己习惯的方法解决一切问题，正如美国作家马克·吐温所说：

"你手里有一把锤子，看到的就都是钉子。"

惯性思维是既往经验，尤其是童年经历的沉淀，它会不断搅浑当下甚至未来的生活，属于典型的用"过去"影响"现在"。当被惯性思维控制时，我们很容易被同一块石头绊倒很多次。比如，习惯攻击的人总会出言不逊，而根本不顾对方是谁；习惯回避的人总是遇事畏缩，根本不去考虑具体情况和解决方法；习惯顺从的"老好人"总是委曲求全，自剪羽翼，他们对谁都很善良，但善良得没有原则。这些人处理关系全凭习惯，即使有人给出一个真正"适合"的选项，他们也会因为这选项脱离了自己的习惯，而想要拒绝。简单说，他们被自己的惯性思维冻住了，习惯之外的大千世界，哪怕只有一步之遥，对他们而言也如隔千山。

卢梭说："人生而自由，却无往不在枷锁中。"惯性思维就是一把沉重的枷锁，它束缚视角，腐朽大脑，会让人在处理关系时缺少灵活度，一条道走到黑，走进生活的死胡同。

在人际关系中，一个人是具有灵活性，还是保持着惯性思维，不仅决定自己处理问题的方式，还会严重影响到人与人的关系。

有位年轻姑娘，外形非常出众，追求者排成了长队。然而，她却从未有过一段善始善终的感情，换了很多任男友，却无一例外，每次都会被对方狠狠伤害。

这是《少有人走的路》中的一个真实案例，后来，这位姑娘找到了心理医生斯科特·派克进行治疗。斯科特发现，她在男女关系上的表现很极端：要么对追求者冷若冰霜，拒人于千里之外；要么很快坠入情网，并迅速发生关系。而这一切，全都源于她的惯性思维。

姑娘并非是游戏人生的人，内心很想找个可靠的男人，但她对待男人的态度非黑即白，不是全部接纳，就是全部拒绝。这造成了两种后果：很多真心想与他交往的男人，却根本无法走近她，他们都被她的冷漠吓跑了；而同时，她内心的寂寞在不断累积，达到一定程度后，她便会不加拒绝地接受异性的追求，当然，这时她遇到的男人大多是些甜言蜜语的风流角色，结局自然不会愉快。因为受到了伤害，下一次遇到追求者，她又会恢复高傲冷漠的样子，就这样，她在感情上陷入了一个死循环：要么清高，要么轻率。

经过治疗，姑娘终于意识到了惯性思维带来的问题，她发现，与男性的关系原来可以有很多种，远远超过之前以为的两个选项。比如有的人必须拒绝；有的可以是点头之交；有的可以一起合作共事；有的可以一起喝酒、聊天；有的可以请到家里做客，但不能进卧室；而只有情投意合的人，才可以领进卧室。姑娘惊喜地发现，自己也完全可以对不同男人采取不同的方法，建立不同的关系。

抛弃惯性思维，会让我们的内心变得更灵活，也更具弹性。我们可以根据实际情况，而选择保持圆形，或变成三角、正方形，也可以根据对方的意图与动向，决定是逃避、还击还是建立起其他关系。

既要表达自己，又不能伤害别人

我有一位朋友，不仅担任要职，而且很懂交际之道。他给我讲过一段经历，有一次他即将升迁，但正式通知却迟迟不下来，后来得知，是他的一位同事跑去了上司那里，造谣他的学位造假，这让管理层对他产生了质疑。

造谣是一种迂回攻击，就像有人躲在暗处用箭射伤你，但因为我们全无防备，所以难免陷入被动。面对这样的情况，朋友应该怎么办？是和同事大吵一架，就此撕破脸，还是眼睁睁看着升迁机会被断送？

第一步，朋友变成了一个三角，他直接去找了造谣的同事，对方却矢口否认，发誓对这件事一无所知。

第二步，朋友继续保持三角形状，他找到上司，要求上司安排三人面谈。他给出的理由相当充分：这件事关乎诚信，无论对自己、同事、上司本人还是整个单位，都至关重要。这个理由让上司无法拒绝，只能安排三方对质。

第三步，在三人面谈时，朋友拿出了自己的学历证明。面对证据，同事不得不承认自己造了谣。

第四步，当同事认错后，朋友马上由攻击的三角，转变成了正方形，他对同事说："你这么做，或许是对我有意见，或许我在工作上有什么地方做得不够妥当，毕竟人无完人。现在，当着上司的面，你可以把意见提出来，我们一起想办法，看能不能顺利解决。"他调转方向，站到了和同事同样的位置，顾及到了同事的想法和感受。

上司看到朋友如此通情达理，深觉他理应是升迁的最合适人选。不久，朋友的任命书正式发布，他不仅得到了职位，也没有搞僵与同事的关系，而且，通过那一次冲突，上司反而更了解了他、信任他，与他的关系更加紧密。

处理人际关系最健康的方式，是既要表达自己，又不能伤害别人，而要想做到这一点，就需要我们能审时度势地变换形状，该方时方，该圆时圆，该进攻时进攻，该回避时回避。

每一天，我们都在应对冲突的过程中

我们每天都会遇到各种各样的人，并与之发生冲突，但我们却未必会清楚地意识到自己正处于冲突之中。

现在，就让我们以看似普通的一天为例，看看各种冲突是怎么贯穿我们的生活，我们又是如何以不同方法应对并安然度过的。

早上6:45

电话铃响起，你从美梦中惊醒。

睡眼蒙眬地接通手机，却发现对方打错了。一股怒气涌上心头，你很想变成三角教训对方几句，但你克制住了。你知道，与其和一个无心犯错的陌生人较劲，不如让自己开心一点，你索性起了床，洗了个清爽的澡。

上午 7∶35

你穿上干净的衬衫，哼着歌准备出门上班。电话铃又响了，这回没有打错，是你的妈妈，然而她的口气却相当不好。

"我听到了一些风声，想问问你到底是怎么回事。"她说。

虽然你不知道她要说的是什么，但这个开场白，明显不是个好兆头。你不想在早高峰和她吵架，于是，赶忙变成圆形避开："妈，我正在去医院的路上，眼看就要迟到了。"

"你不要紧吧？"妈妈果然转移了注意力。

"例行体检而已，我一会儿回您电话。"

上午 7∶48

十字路口，一辆车别了你一下。你很窝火，想以牙还牙也去别他一下，但你马上告诫自己，开斗气车很可能惹来麻烦，于是，你选择什么都不做，但是这种回避，却让你获得了安全。

上午 8∶30

你心情不错地走进办公室，一位同事突然冲着你大呼小叫："哎呀，你今天穿得真好笑。"大家的目光都投向了你，你稍微尴尬了一秒，但很快就释然了，因为这位同事总是以嘲笑别人为乐。

你看了同事一眼，语气冷静地说："谢谢你这么关注我，看来我对你很重要。"

此刻的你就是一个还击的三角，这下，轮到你的同事不知如何开口了。

上午 9 : 15

你正在专心工作，一摞文件突然"啪"的拍在你桌上。是你的上司，他气势汹汹地质问："你做的是个什么鬼东西！"

这不是上司第一次发飙，你的很多同事也都遭遇过，而他们要么像个圆，从头到尾都不吭声，要么变成三角，跳起来反击："明明是你让我这么写的！"

你知道，这两种反应都不可取。你看着上司因生气而涨红的脸，将自己变成了一个正方形，你拿起那摞文件，问："您觉得这份方案哪里有问题？"

上司："写得驴唇不对马嘴，根本看不懂！"

你："哪部分您不懂？"

上司："所有！"

你知道上司是言过其实，但是目前，你仍需要和他继续谈判："没想到我的方案问题那么多，但既然您在这里，不如帮我把把关，不然我怕改不好。比如第一段，您觉得怎么样？"

现在，你完全处于"谈判"模式了，你顾及到了上司的感受，而且为他展示出了事情的其他可能——除了发脾气，不如一起把方案改好。因为你的引导，上司也不由得讨论起工作细节来，怒火由此平息了不少。而你呢，既不用逐字逐句全部重写，还能确保下次交出一个更好的方案。

当上司离开办公室时，他也已经不再是个尖锐的三角，正如我们反复强调的，谈判的目的不是打败对方，而是解决问题。

上午11:20

你接到了女友的电话。但这不是诉说思念之情的电话，她显得愤愤不平，还有些悲伤，她说跟你在一起很累，想要有更多的空间。

你心中警报大作，但是，你没有质问她是不是想另觅新欢，也没有哀求着挽留，你让自己冷静下来，并迅速想到了两个关键信息：首先，通常没有人会在出轨前通知自己的恋人，这证明女友并不是真的要这么做，而是希望借此发泄情绪；其次，这种事情不适合在电话里谈，你必须和对方见上一面。

于是，你决定暂时做个圆，搁置一下当下的冲突。

你："你说的事对我很重要，我无法马上给你答复，不如下班后我们见个面吧？"

女友："有必要吗？我想说的都说了。"

你:"可是你还没有听听我的感受,总该给我个机会吧。"

你说得如此恳切,让女友无法拒绝。于是,你们约定下班后见,为了争取更多的相处时间,你还编了个故事,说自己可能要加一小会儿班,所以与其匆忙地见面,不妨一起踏实地吃个晚餐,边吃边谈。这要求听来十分合理,女友也答应了下来。

挂上电话,你长长地舒了一口气。虽然你知道这只是缓兵之计,女友不可能在几个小时内改变心意,但这却是你能做出的最好选择。如果你们在电话里讨论这件事,你将整个下午无心工作,而且情急之下,你们都有可能说出无可挽回的话。

你选择先避开冲突,等于给了两个人缓冲,你可以好好思量女友的真实目的,以及自己该怎么应对。

下午1:35

吃完午饭回来,你想起妈妈还在等着你的电话,于是,你拨通了她的号码。

你:"妈,今天早上找我什么事?"

妈妈:"你老实说,你是不是做了传销?"

你很吃惊:"你这是从哪儿听来的消息?"

妈妈:"是你妹妹说……"

你:"我妹妹?是她说的?她真是胡扯!我做的是正经工作,你要是不信的话,我可以把公司介绍发给你,你找人看看就明白了。"

妈妈:"真的不是吗?你可不知道,我听了之后愁得睡不着觉,生怕你干了不该干的事,或者是被人骗了。"

你:"妈,我知道你担心我,你放心,我已经不是小孩了,知道哪些事情不能碰。"

你做得很好,当面对质疑时,你选择了与妈妈"谈判",而且谈判得真诚却又不失技巧。

你没有一上来就斩钉截铁地说"不是",因为一旦这样回答,妈妈就会认为"谈判"结束了,也就没心思告诉你消息的来源,但是你却需要知道;你还顾及了妈妈的感受,主动提出给她公司介绍去核实,让她消除了疑虑;同时,你还点明了她是"担心你",这让妈妈不会因为听信了谣言而尴尬。

下午1:55

安抚好了妈妈,你决定找始作俑者——你的妹妹谈一谈。

电话刚一接通,你就变成了一个三角:"你到底是怎么想的?居然去跟妈妈说我搞传销?"

妹妹:"什么?我可没这么说过。是妈妈问我你过得怎么样,我就说了一句,说你挺辛苦的,需要不断拉'人头'。"

你:"我是正常的谈客户,怎么就成了拉'人头',你这么讲,很容易让人误会的。"

妹妹:"不好意思,我真没想那么多。"

听到妹妹道歉，你的语气也缓和了下来，从反击的三角，转成了谈判的正方形："我知道你关心我，觉得我每天找客户很辛苦。"

妹妹："你是我的哥哥，我当然会心疼。"

你："我明白你的心思，但你以后如果有什么想法，能不能先和我说。你也知道咱妈，她总是容易多想，咱们无意中的一句话，她就要琢磨好几天。"

妹妹一口答应了下来。在这场谈话中，你的选择很正确：你先是变成三角，让你妹妹意识到自己言语失当；之后，你变成正方形，体会妹妹的想法，并告诉她以后遇到类似情况，可以有更好的选择。虽然妹妹给你惹了麻烦，但是经过你的转圜，你们的关系不仅没有被摧毁，反而更牢固了。

下午 3∶30

部门会议上，你和同事有了分歧。

你提出了一个想法，而你的同事听后却不住摇头，说你不切实际。被当众评论，你有些下不来台，你觉得对方是个三角，正在攻击你。你很想还击，但是很快，你冷静了下来，开始思索对方的意图。

同事之所以批评你，是看你不顺眼，还是觉得你的想法不够完善？他是极其强烈地反对，还是有商量的余地？

考虑完这些，你决定转入"谈判"模式。你知道一旦选择谈判，他亮出的牌就会最多，你也更能搞清他的想法。

你："你觉得哪个地方问题最大？我需要知道我哪里想错了。"

同事："这个之前有人试过了，那时候就行不通，现在肯定也行不通。"

你："能给我看看测试的数据吗？"

同事："我现在没有，在办公室的电脑里。"

你："那散会后你能给我一份吗？我还想和你详细谈谈，多听一下你的意见。"

你没有受自尊心的控制，炮轰你的攻击者，而是用谈判的方式，将争论的焦点锁定在了事情本身。而且，你主动求助于对方，这将极大唤醒他心中的善意，让他配合你将想法完善。很多人不喜欢求助，认为求助就等于举了白旗，而事实上，诚心求助的人很少在冲突中失败。

下午 6 : 10

下班了，你路过超市时想顺便买点东西。超市里人很多，结账时，你忽然发觉身后的人有些异样。他深呼吸，喘粗气，唉声叹气。开始，你怀疑他是不是生什么病了，后来你意识到，他是在抱怨你购物车里的东西太多。

你有些无奈，甚至有一点生气，但是你并不想因此离开队伍，也不想让他站在你身前先结账，经过评估，你让自己保持一个圆：什么也不做。

下午 6：56

你见到了女友。

一碰面，你面带微笑地和她聊了会闲话。这并不是在浪费时间，利用这个空当，你做了三件事：①缓解紧张的气氛；②让自己定下心来，冷静从容地面对女友；③有时间仔细观察她的神情、动作和精神状态，从中捕获信息，用来了解她目前处于什么情绪中。

你发现，女友依然在生你的气，而且很悲伤。于是，你决定率先变成一个三角，挑起话题。

你："你中午电话里说的那些话，是想和别人约会的意思吗？如果是的话，我真的很难过，也很难接受，因为我很爱你。"

女友："可是和你在一起，我觉得憋得慌，我太压抑了。"

你："那你能不能实话告诉我，你还爱我吗？"

女友想了想，说："爱。"

你："所以，你还爱着我，也并没有爱上别人，只是觉得和我在一起不开心？"

女友："是的。"

此刻，情况对你慢慢有利起来。女友承认她还爱着你，这是个重要的大前提，只要她没有移情别恋，一切就还有余地。现在你要做的，是从三角变成正方形，帮她找出压抑的原因，这才是冲突的根本，而不是借此进行指责。

你："我想知道，我是怎么让你觉得闷的。"

女友："就是感到你有些无聊，没什么新意。"

你："你觉得怎么才算有新意？"

女友："带我多出去走走，比如去海边旅行。"

现在，你必须抑制住内心的冲动，不要加入到女友的胡思乱想中，更不要说"好，我带你去海边吧"这样的话，因为这只能缓解一时的矛盾，但是无法从根本上解决问题。

你："听起来似乎不错。但假如你去海边待上一个星期，你觉得，就能从此不再无聊了吗？"

女友愣了一下，半晌后摇摇头："大概不能。"

是的，经过你的引导，女友意识到了，旅游并不是彻底的解决方案。等到假期带来的新鲜感一过，她依然会继续迷茫。

你："你看，我的确能带你出去玩一个星期，但一星期后呢？所以，咱们需要想出更好的方法，让你不再压抑。如果不见我能让你好受些的话，我愿意为了你忍受痛苦，因为我爱你，所以会尊重你的决定。"

女友睫毛颤抖着，很显然是被触动了。你把决定权完全交给女友，但又明确表现出对她的爱与留恋，以及为她愿意付出的尊重与隐忍。女友很感动，此刻她心中对于你的感情已经超过了对无聊的抱怨。

你则借势给出了最后的引导,你握住了女友的双手,真诚地问她:"现在,能不能告诉我,你是真的不打算见我了吗?"

女友赶忙摇头:"不,我并不想分手。"

终于,你让女友看清了问题的本质,也看清了自己的内心。

你轻轻抱住了女友:"以后,如果你感到不开心,一定要及时告诉我,我也会想办法,做个不无聊的男友。"

女友也温柔地点了点头。你们愉快地吃了顿晚餐,重修旧好,甚至更胜从前。自此,你成功解决了和女友的冲突,而且整个过程可圈可点。

首先,你从反击的三角开始,让你的意图得以表达清楚,并从女友那里获得了一个关键"证据"——她还爱你。由此,你可以大胆地变成正方形,进行谈判了。

在谈判中,你没有一上来就提出分开冷静一段时间,你知道,那十有八九会造成彻底分手。你让女友自己说出解决办法——去海边旅游,进而,你又帮助她明白,这个愿望其实与她的真实目的相反。

因为你的引导得当,你在谈判中占据了主动,但此时,为了让女友看清自己的心意,你又主动进行了让步,说你愿意为了她而分手。这迫使女友不得不面对将要分离的痛苦,也正因此,她发现自己根本不想让你离开,对于这种自己得出的结论,她肯定乐于接受。

当然,这一系列人际关系几何学的运用,都必须建立在你真心爱着女友的前提下,绝非为了控制对方。只有这样,才能让关系更加稳固。

以上种种，就是我们看似平常，实则跌宕起伏的一天。为了展示人际关系几何学的各种运用，我们浓缩了一系列的冲突，但这些冲突并非是凭空想象的，而是我们每个人都会遇到的真实案例。

当你运用人际关系几何学，成功解决了这些冲突，安然度过了人生中的一天，想必在夜晚入睡时，内心会涌起一种难以置信的踏实感。你知道，自己有能力以和谐的方式处置冲突，并游刃有余。最重要的，和你一起卷入某种冲突的每个人，几乎都有了收获：你们都在和谐、平衡以及真正地成长。当然，乱开车的司机和超市里的抱怨鬼不在此列，但是，对于那些你在乎的人和关系，你都处理得很好。

这就足够了。